学ぶ・わかる・みぇる シリーズ 保育と現代社会

保育と子ども家庭支援論

編集　石動瑞代
　　　中西遍彦
　　　隣谷正範

みらい

執筆者一覧

●編　者

石動　瑞代　　富山短期大学

中西　遍彦　　修文大学短期大学部

隣谷　正範　　飯田女子短期大学

●執筆者（五十音順）

石動　瑞代　（前出）‥‥‥‥‥‥‥‥‥‥‥‥‥‥‥‥‥‥‥‥‥‥‥‥‥ 第5章・終章

杉山佳菜子　愛知みずほ短期大学 ‥‥‥‥‥‥‥‥‥‥‥‥‥‥‥‥‥‥ 第4章

側垣　順子　金城大学 ‥‥‥‥‥‥‥‥‥‥‥‥‥‥‥‥‥‥‥‥‥‥‥ 第7章

田邉　哲雄　兵庫大学 ‥‥‥‥‥‥‥‥‥‥‥‥‥‥‥‥‥‥‥ 第4章コラム①

土永　葉子　帝京平成大学 ‥‥‥‥‥‥‥‥‥‥‥‥‥‥‥‥‥‥‥‥‥ 第8章

隣谷　正範　（前出）‥‥‥‥‥‥‥‥‥‥‥‥‥‥‥‥‥‥‥‥‥ 第2章・終章

中西　遍彦　（前出）‥‥‥‥‥‥‥‥‥‥‥‥‥‥‥‥‥‥‥‥‥ 第1章・終章

新川　泰弘　関西福祉科学大学 ‥‥‥‥‥‥‥‥‥‥‥‥‥‥‥‥‥‥‥ 第6章

八田　清果　埼玉東萌短期大学 ‥‥‥‥‥‥‥‥‥‥‥‥‥‥‥‥‥‥‥ 第3章

古川　督　　大阪芸術大学短期大学部 ‥‥‥‥‥‥‥‥‥‥‥‥ 第8章コラム②

細川　梢　　福島学院大学 ‥‥‥‥‥‥‥‥‥‥‥‥‥‥‥‥‥‥‥‥‥ 第9章

吉田　幸恵　至学館大学 ‥‥‥‥‥‥‥‥‥‥‥‥‥‥‥‥‥‥‥‥‥‥ 第10章

イラスト　　　溝口ぎこう

はじめに

　「少子化」という新たな課題に取り組み続けた平成の時代。保育サービス拡充のための施策が実施され、保育施設数の増加や保育時間の延長、サービス内容の多様化などが着実に進められてきた。その一方で、低年齢児を中心とした保育需要が増大し、待機児童問題が発生することにもなった。また、地域社会における人間関係の希薄化や核家族化は一層進み、子育て家庭を取り巻く環境に大きな影響を与えている。このような状況は、育児不安や子育ての負担感を高める結果となり、児童虐待件数の増加に歯止めがかからない一因ともなっている。

　しかし見方を変えれば、約30年にわたる少子化への取り組みのなかで、「子育て」という営みの重要性と子育てに対する社会的支援の必要性が十分に認識されるようになってきたことも確かである。2003（平成15）年に成立した「次世代育成支援対策推進法」や2004（同16）年に打ち出された「子ども・子育て応援プラン」などでは、次世代を担う子どもの健全育成に社会が責任を負うべきことを示し、「子どもと子育て家庭」両者を支える支援が幅広い分野で取り組まれてきた。そして、2012（同27）年から本格施行された「子ども・子育て支援新制度」は、子どもの最善の利益をめざす「子育ち・子育て」のための給付制度である。子育てに対する社会保障のなかで、子どもや子育て家庭に直接的・具体的な支援を行う重要な社会資源であり、その働きへの期待は一層高まっている。

　新しい令和の時代。私たちは、少子社会であることを前提として、すべての子どもを豊かに育むことが、安定した社会を持続する鍵であることを意識しはじめている。2017（平成29）年に10年ぶりに改定された保育所保育指針では、未来の社会を描き、子どもたちに育むべき力を明確にするとともに、乳児からの質の高い保育および教育実践のあり方が示されている。また「子育て支援」の語を用いて、地域の子育て家庭の子育てを包括的に支援することを強調している。これを受けて、2018（同30）年には、保育士養成養成課程が改正され、複雑多様化する家庭の現代的課題に向き合いながら、子どもの育ちと家庭の子育て力を支える実践力を高めるため、子育て家庭への支援に関する科目の充実と内容整理が行われた。

　本書は、「子ども家庭支援論」のテキストとして、子育て家庭支援の基本となる事項（意義や役割、保育士としての基本姿勢、支援の体制や内容など）を理解する内容が中心である。読者となる保育士をめざす学生が、さまざまな子育て家庭の状況を知り、支援の基礎知識を習得することを第一の目的としている。加えて、積極的に子ども子育て支援を展開する姿勢や態度を育むことをめざし、知識の習得にとどまること

なく、実際の支援場面に関連づけて理解できるように内容を構成している。そのため、「子育て支援」で学ぶ具体的・実践的な内容も、ショート事例等を用いることで、具体的なイメージをもって理解できるように配慮した。

　最後に、多忙ななかを丁寧にご執筆いただいた諸先生方に改めてお礼を申し上げるとともに、大きな力で支えていただき、充実した内容にまとめあげてくださった（株）みらいの山下さんに深く感謝いたします。

　令和2年2月

編　者

『保育と子ども家庭支援論』テキストの特徴と活用

● 本書は、保育士養成課程における「子ども家庭支援論」の科目に対応したテキストです。子ども家庭支援論で扱う領域は、意義や原理、対象者理解、法制度から実践方法まで、とても幅広くなっています。本書では、それらの内容を効率よく学べるよう構成し、保育士の視点から理解できるよう記述にも工夫を凝らして解説しています。

● 各章の導入部分には、保育士をめざす学生である「みらいさん」と子ども家庭支援論の講義を担当する「みずよ先生」が、その章のテーマについて、なぜ、その項目を学ぶのか、保育士とどのようなかかわりがあるのかを、対話形式で説明しています。ここの部分を最初に読むことによって、学ぶ内容や理解すべきポイントを把握できるようになっています。

● 各章の最後には、学んだ内容をふりかえって整理するために、「まとめてみよう」という課題を3題提示しています。課題は、本文をよく読めば理解できるよう設定していますので、ぜひ、学習のふりかえりに活用してください。

● 本書は、子ども家庭支援論を理解するための入門的な位置づけです。より内容を深く理解したり、興味がわいてきた場合には、章末にある引用文献や参考文献をあたってみましょう。きっと、新しい発見や多様な考え方に出会い、学びを深めていくことができるでしょう。

みらいさん　　　みずよ先生

もくじ

第3章　子育て家庭を支える法・制度および社会資源

第4章　保育者に求められる基本的態度および基本的技術

第5章　保育者が行う子ども家庭支援の実際

第6章　地域の子育て家庭への支援

第7章　さまざまな子ども家庭の理解と支援

終章　保育と子ども家庭支援

第1章　子どもと家庭を取り巻く環境

✎ なぜ「子ども家庭支援」が求められるようになったの？

みずよ先生　さあ、今日から子ども家庭支援について学んでいきましょう。

みらいさん　子ども家庭支援……。保育士が子どもを支援するのはわかるのですが、家庭も支援するのですか？

みずよ先生　現在、保育士には、さまざまな役割が期待されています。みらいさんの言うように、もともと子どもの保育を担っていた保育士ですが、近年になって子どもの家族を含む家庭への支援という役割も求められるようになりました。そんな背景からこの「子ども家庭支援論」という科目もできたのですよ。

みらいさん　新しく役割が求められるようになったということは、何か問題でも起こったのですか？

みずよ先生　そうですね……。みらいさんは、何人家族ですか？

みらいさん　４人家族です。父と母と妹がいます。

みずよ先生　お母さんは働いていますか？　あと、妹さんは何歳ですか？

みらいさん　母は、妹が生まれてから働いています。妹は今、４歳で保育所に通っています。

みずよ先生　お母さんは仕事と家事・育児などお家のことを両方やっていらっしゃるんですか？

みらいさん　はい。仕事から帰ってくると、ときどき「疲れたぁ」と言っています。そんなときは、私が妹の面倒をみています。

みずよ先生　お母さんも妹さんの面倒をみらいさんがみてくれて、喜んでいるでしょうね。お父さんは、お仕事から帰るのは遅いのですか？

みらいさん　いつも夜の11時くらいに帰ってきます。私たちはもう寝ている時間です。でも、仕事がお休みの日は、遊んでくれます。

みずよ先生　そうなのね。お父さんと遊ぶのは楽しいですか？

みらいさん　私のお父さんは、遊びをいろいろ知っているので、いつも楽しいです。

みずよ先生　そうなのですね。では、みらいさん、今のみらいさんのご家庭のような、子どもをもつ普通の家庭に何が起こっているのか？　まずは子どもや家族、その家庭を取り巻く環境の様子をみながら、なぜ家庭への支援が必要とされているのかを探っていきましょう。

家族と家庭

① 家族とは

　家族とは、一般に「配偶者や親、きょうだいなどの血縁関係や婚姻関係にある者の集団」を指すことが多い。同一住居に住んでいる者や生計を同じにしている者だけでなく、飼っている動物をも含める場合もある。

　家族が、どういう存在、どこまでの範囲を指すかは考える人によって違うものである。

② 家庭とは

　家庭とは、一般に「血縁関係や婚姻関係によって結びついており、精神的な家族が一緒に集まっている集団」を指す場合と、「家族が一緒に生活する場所（生活の場）」を指す場合がある。

　家庭には、家族がともに生活する集団や場所という役割だけでなく、精神的な安らぎをもたらす場や子どもの教育や成長・発達の場としての役割がある。

 # 家族・家庭を取り巻く環境

① 家族構造・家族規模の変化

　わが国の総人口は、2018（平成30）年10月１日現在、１億2,644万人であるが、年少人口（０歳〜14歳の年齢人口）が年々減少していることで、生産年齢人口（15歳〜64歳の年齢人口）も減少してきている。また、平均寿命の伸長などにより高齢者人口（65歳以上の年齢人口）は増加傾向にあり、いわゆる少子高齢化の社会となっている（図１－１）。

　世帯数と平均世帯人員の推移をみると、世帯数は増加傾向にあるものの、平均世帯人員は減少傾向にある（図１－２）。この状況を詳しくみると、65歳以上の高齢者の単独世帯や夫婦世帯の増加と子どものいる世帯の減少による家族規模の縮小であることがわかる（図１－３、１－４）。2018（平成30）年には、三世代世帯は10％にまで減少している。

図1－1　わが国の総人口及び人口構造の推移と見通し

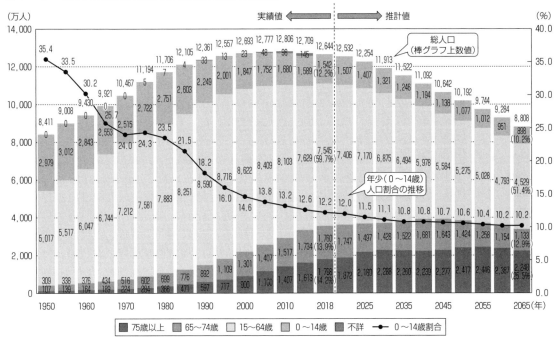

注1：2018年以降の年齢階級別人口は、総務省統計局「平成27年国勢調査　年齢・国籍不詳をあん分した人口（参考表）」による年齢不詳をあん分した人口に基づいて算出されていることから、年齢不詳は存在しない。なお、1950～2015年の年少人口割合の算出には分母から年齢不詳を除いている。
　　2：年齢別の結果からは、沖縄県の昭和25年70歳以上の外国人136人（男55人、女81人）及び昭和30年70歳以上23,328人（男8,090人、女15,238人）を除いている。
資料：2015年までは総務省「国勢調査」、2018年は総務省「人口推計」（平成30年10月1日現在確定値）、2020（令和2）年以降は国立社会保障・人口問題研究所「日本の将来推計人口（平成29年推計）」の出生中位・死亡中位仮定による推計結果。
出典：内閣府「令和元年版　少子化社会対策白書」2019年　p.2

図1－2　世帯数と平均世帯人員の年次推移

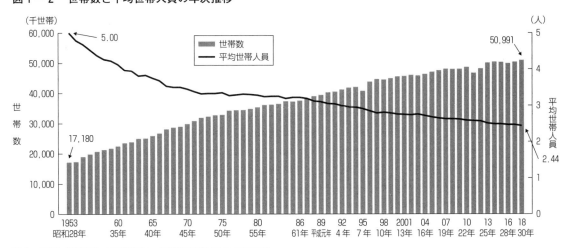

注1：1995（平成7）年の数値は、兵庫県を除いたものである。
　　2：2011（平成23）年の数値は、岩手県、宮城県及び福島県を除いたものである。
　　3：2012（平成24）年の数値は、福島県を除いたものである。
　　4：2016（平成28）年の数値は、熊本県を除いたものである。
出典：厚生労働省「平成30年　国民生活基礎調査の概況」2019年　p.3

図1－3　65歳以上の者のいる世帯の世帯構造の年次推移

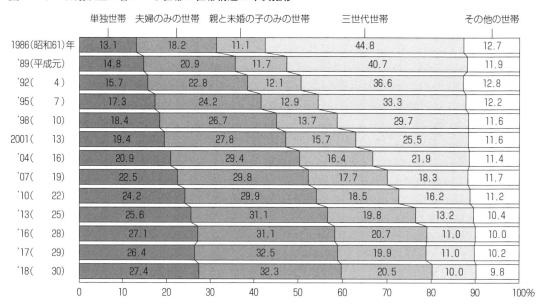

注1：1995（平成7）年の数値は、兵庫県を除いたものである。
　2：2016（平成28）年の数値は、熊本県を除いたものである。
　3：「親と未婚の子のみの世帯」とは、「夫婦と未婚の子のみの世帯」及び「ひとり親と未婚の子のみの世帯」をいう。
出典：厚生労働省「平成30年　国民生活基礎調査の概況」2019年　p.4

図1－4　児童有（児童数）無の年次推移

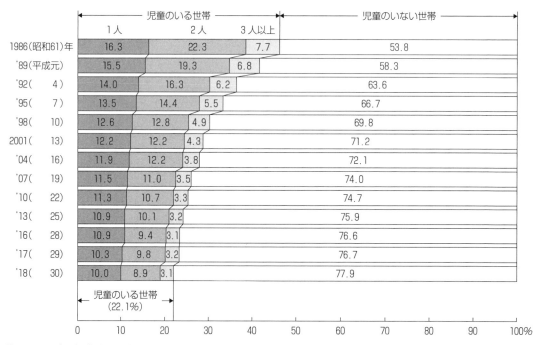

注1：1995（平成7）年の数値は、兵庫県を除いたものである。
　2：2016（平成28）年の数値は、熊本県を除いたものである。
出典：厚生労働省「平成30年　国民生活基礎調査の概況」2019年　p.7

14

②　家族機能の変化

　わが国の世帯状況の変化として、現在では「共働き世帯」が、いわゆる「専業主婦世帯」を上回る状況となっていることがあげられる。このような共働き世帯の増加は、日中に子どもを見守る父母や近隣のおとなが地域のなかにいないことにつながる。さらに前述のように、三世代世帯から核家族になり、父母が働きに出かけている間に祖父母が育児を代替する家庭が減ってきたことも関係している。また、そのような状況から地域や近隣との連帯意識の希薄化と、家庭における育児や高齢者介護の社会化につながっている（図1-5）。

図1-5　共働き世帯数の推移

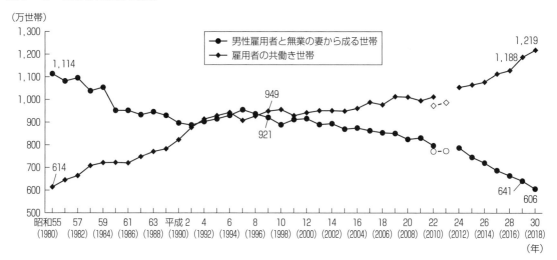

備考1：昭和55年から平成13年までは総務庁「労働力調査特別調査」（各年2月。ただし、昭和55年から57年は各年3月）、平成14年以降は総務省「労働力調査（詳細集計）」より作成。「労働力調査特別調査」と「労働力調査（詳細集計）」とでは、調査方法、調査月等が相違することから、時系列比較には注意を要する。
　　　2：「男性雇用者と無業の妻から成る世帯」とは、平成29年までは、夫が非農林業雇用者で、妻が非就業者（非労働力人口及び完全失業者）の世帯。平成30年は、就業状態の分類区分の変更に伴い、夫が非農林業雇用者で、妻が非就業者（非労働力人口及び失業者）の世帯。
　　　3：「雇用者の共働き世帯」とは、夫婦共に非農林業雇用者（非正規の職員・従業員を含む）の世帯。
　　　4：平成22年及び23年の値（白抜き表示）は、岩手県、宮城県及び福島県を除く全国の結果。
出典：内閣府男女共同参画局「男女共同参画白書　令和元年版」2019年　p.116

③　女性の社会進出と性的役割分業意識の変化

　わが国の家族観・家庭観は、時代とともに変化してきている。わが国では長年の間、「男は仕事、女は家庭」とうたわれ、女性（妻・嫁）は家事・育児を主に家庭内で担当する家族であるという性別役割分業を当然としてきた。しかし女性の社会進出が進み、男女共同参画の政策や男女雇用機会均等法な

図1−6　女性の年齢階級別労働力の推移

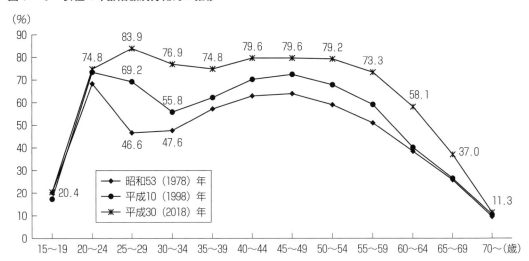

備考1：総務省「労働力調査（基本集計）」より作成。
　　2：労働力率は、「労働力人口（就業者＋完全失業者）」／「15歳以上人口」×100。
出典：内閣府男女共同参画局「男女共同参画白書　令和元年版」2019年　p.116

ども定められるなど、家庭での役割に対する考え方が変化してきた。

▼共働き世帯の増加

　女性の社会進出と共働き世帯の増加により、従来は「結婚し子育てをする時期（年齢）」には、子どもをもつ女性（母親）は仕事を辞めるか、子育てが一段落するまでは仕事をしない傾向にあったが、現在では、「仕事と子育ての両立」を図る女性が増加している。特に、25〜34歳の年齢層の女性の労働力率の変化が顕著である（図1−6）。

▼性的役割分業

　内閣府男女共同参画局が実施している世論調査（図1−7）をみると、「夫は外で働き、妻は家庭を守るべきである」という考え方に対する意識が変化してきている。1979（昭和54）年当時は、「賛成」「どちらかといえば賛成」をあわせると女性が70.1％、男性が75.6％であるのに対して、2016（平成28）年の調査では、女性が37％、男性が44.7％に減少しており、家庭内における性的役割分業に対する意識が男女ともに変化してきていることがわかる。この背景には、女性の社会進出にあわせ、家電製品の普及による家事の効率化や家事労働に対する考え方の変化、家庭における所得・収入の問題、子どもの養育費・教育費の問題などがあると考えられる。

図1－7　「夫は外で働き、妻は家庭を守るべきである」という考え方に関する意識の変化（男女別）

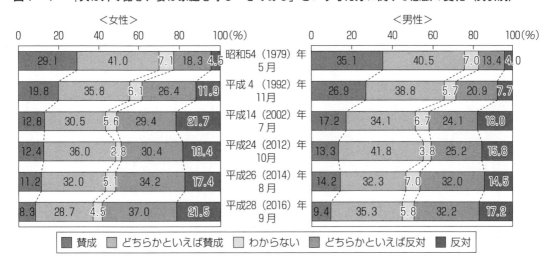

備考1：総理府「婦人に関する世論調査」（昭和54年）及び「男女平等に関する世論調査」（平成4年）、内閣府「男女共同参画社
　　　会に関する世論調査」（平成14年、24年、28年）及び「女性の活躍推進に関する世論調査」（平成26年）より作成。
　　2：平成26年以前の調査は20歳以上の者が対象。平成28年の調査は、18歳以上の者が対象。
出典：内閣府男女共同参画局「令和元年版　男女共同参画白書」2019年　p.117

④　少子化と未婚化・晩婚化

　わが国の出生数は、2016（平成28）年に97万6,978人となり、はじめて100
万人を下回り、2017（同29）年が94万6,065人、2018（同30）年が91万8,397
人と3年連続の減少である（図1－8）。第一次ベビーブームと呼ばれた
1949（昭和24）年と比べると約178万人近くの減少となり、深刻な少子化傾
向となっている。

　少子化の要因としてさまざまな要因が考えられるが、その一部として未婚
化と晩婚化があげられている。

▼未婚化

　わが国の婚姻件数および婚姻率の推移（図1－9）をみると、年々減少傾
向にあることがわかる。

　年齢別未婚率の推移（図1－10）をみても、男女ともに未婚率は上昇して
おり、2015（平成27）年には「35歳～39歳」の未婚率が、男性で35％、女性
で23.9％となっており、「50歳時」の未婚割合（図1－11）は、2015（同
27）年には男性23.4％、女性14.1％となっており、今後も微増ながらこの傾
向が続くことが予測されている。

▼晩婚化と晩産化

　「未婚率の上昇」はつまり「結婚適齢期にある男女が結婚しない」ことに
つながる。図1－12の「平均初婚年齢」の年次推移をみると、近年は男女と

図1－8　出生数および合計特殊出生率の年次推移

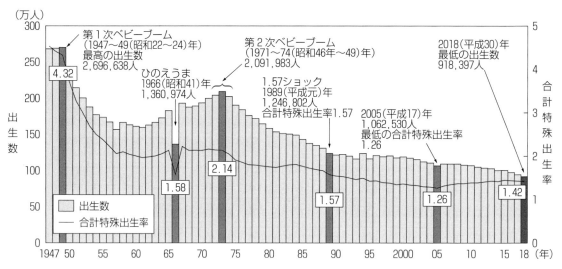

注：1947～1972年は沖縄県を含まない。
出典：厚生労働省「人口動態統計」を基に作成

図1－9　婚姻件数及び婚姻率の年次推移

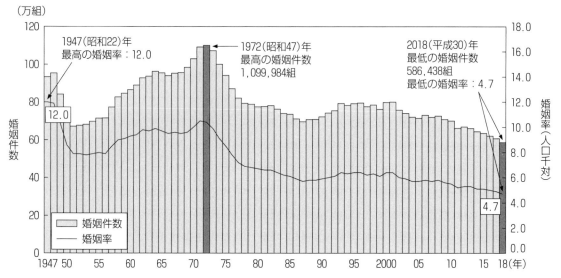

資料：厚生労働省「人口動態統計」
出典：内閣府「令和元年版　少子化社会対策白書」2019年　p.13

図1－10　年齢（5歳階級）別未婚率の推移

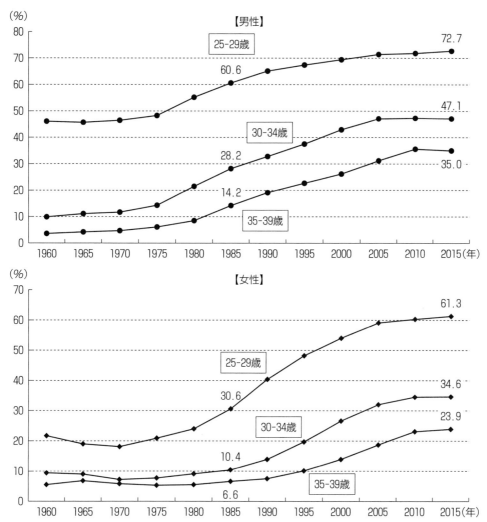

資料：総務省「国勢調査」
出典：内閣府「令和元年版　少子化社会対策白書」2019年　p.14

もに30歳前後での初婚の傾向にある。1975（昭和50）年と比較すると4〜5歳上昇しており、いわゆる「晩婚化」が進んでいることになる。晩婚化の進行は、少子化の要因であるともいわれている。晩婚化は、すなわち「夫婦の出生力の低下」につながることでもある。

　図1－12の「出生順位別母の平均年齢」の年次推移をみると、1975（昭和50）年には「第1子」「第2子」「第3子」のそれぞれの出生時の母の平均年齢が「25.7歳」「26歳」「30.3歳」であるのに対し、2017（平成29）年は、それぞれ「30.7歳」「32.6歳」「33.7歳」となっており、晩婚化による晩産化の傾向にあることがわかる。

図1－11 50歳時の未婚割合の推移と将来推計

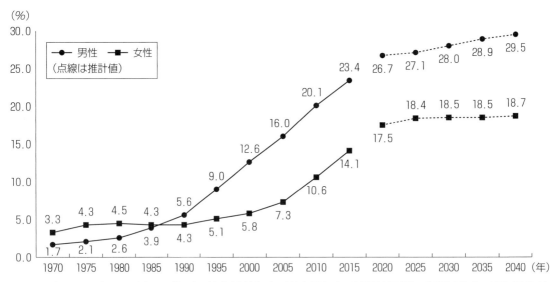

資料：1970年から2015年までは各年の国勢調査に基づく実績値（国立社会保障・人口問題研究所「人口統計資料集」）、2020（令和2）
　　　年以降の推計値は「日本の世帯数の将来推計（全国推計）」（2018年推計）より、45〜49歳の未婚率と50〜54歳の未婚率の平均値。
出典：内閣府「令和元年版　少子化社会対策白書」2019年　p.15

図1－12 平均初婚年齢と出生順位別母の平均年齢の年次推移

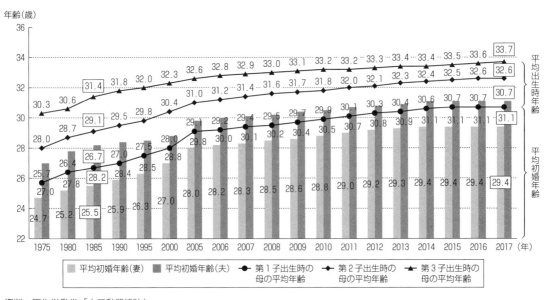

資料：厚生労働省「人口動態統計」
出典：内閣府「令和元年版　少子化社会対策白書」2019年　p.15

⑤ 出産に対する意識の変化

　未婚化・晩婚化の進行とともに、家庭における出産・育児に対する意識が変化している。国立社会保障・人口問題研究所が5年ごとに調査している「出生動向基本調査（夫婦調査）」をみると、第15回（2015年）の調査では、「理想子ども数」は2.32人であるのに対し、「予定子ども数」は2.01人、「現存子ども数」は1.68人と相違があり、結婚し夫婦で子どもをもつことに対する理想と現実のギャップが生じている（図1−13）。

　同調査での「妻が理想の子ども数を持たない理由」をみると、「子育てや教育にお金がかかりすぎるから」がもっとも多く、どの年齢層の妻にも共通する理由となっている。次に多い理由は「高年齢で生むのはいやだから」で、35歳以上の妻に多くみられる（図1−14）。

　このことからも、結婚観・夫婦観や家族観・家庭観が時代とともに変化していることがうかがえる。

図1−13　平均理想子供数と平均予定子供数の推移

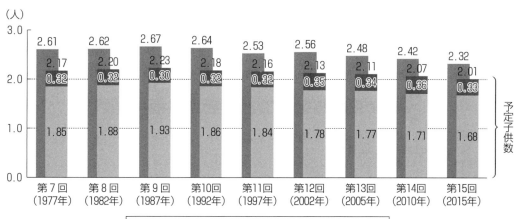

注：対象は妻の年齢50歳未満の初婚どうしの夫婦。予定子供数は現存子供数と追加予定子供数の和として算出。総数には結婚
　　持続期間不詳を含む。各調査の年は調査を実施した年である。
資料：国立社会保障・人口問題研究所「第15回出生動向基本調査（夫婦調査）」(2015年)
出典：内閣府「令和元年版　少子化社会対策白書」2019年　p.24

図1-14 妻の年齢別にみた、理想の子供数を持たない理由

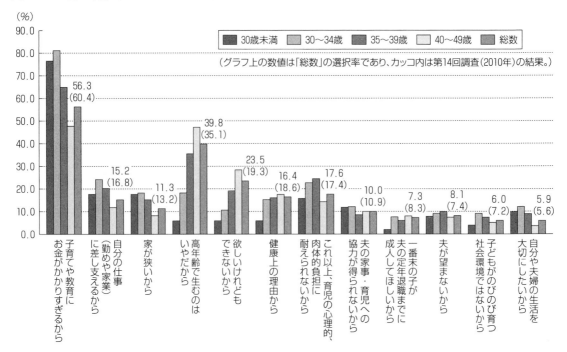

注：対象は予定子供数が理想子供数を下回る初婚どうしの夫婦。予定子供数が理想子供数を下回る夫婦の割合は30.3％。
資料：国立社会保障・人口問題研究所「第15回出生動向基本調査（夫婦調査）」(2015年)
出典：内閣府「令和元年版　少子化社会対策白書」2019年　p.25

 ## 子どもをもつ家庭を取り巻く環境

▼男性の長時間労働

　従来、農林漁業の第一次産業が主流であったわが国も、サービス業などの第三次産業に産業構造が変化していったことで、子どもをもつ家庭の子育て環境は大きく変化した。高度経済成長にともない、産業構造の高度化や人口の都市部への集中、雇用世帯の増加により、核家族化が進行し、男性の就業形態は「長時間労働」「通勤時間の長時間化」が進んだことで、家庭における「父親不在」といった状況となった。

　また、三世代世帯が多く、地域の結びつきが強かった頃には、祖父母や隣近所の知人・友人など、身近に子育ての代替者がおり、その分、母親が子育てに負担を感じることは少なかった。しかし、ここまでみてきたように、核家族化や女性の社会進出が進み、母親（妻）が「ひとりで」家事や子育てを行う負担感は増していった。

　労働基準法の改正や働き方の見直しにより、男性の長時間労働は改善傾向

図1－15　年齢別就業時間が週60時間以上の男性就業者の割合の推移

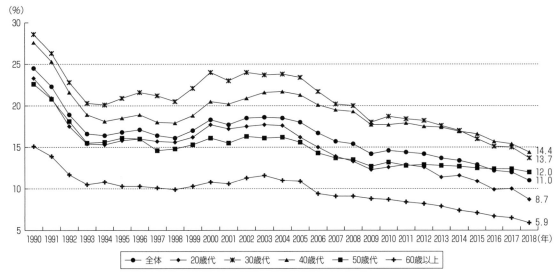

注1：数値は、非農林業就業者（休業者を除く）総数に占める割合。
　　2：2011（平成23）年の値は、岩手県、宮城県及び福島県を除く全国結果。
資料：総務省「労働力調査」
出典：内閣府「令和元年版　少子化社会対策白書」2019年　p.28

図1－16　男性就業者の長時間労働の割合（国際比較）

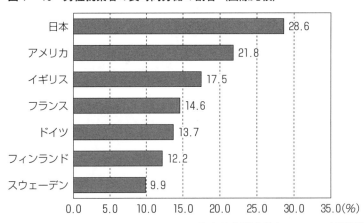

注1：ここでいう長時間とは、ILOSTATの労働時間別就業者統計において、上記掲載
　　　国に共通する最長の区分である週49時間以上を指す。原則、全産業、就業者を
　　　対象。
　　2：日本、フランス、イギリス、ドイツ、フィンランド、スウェーデンは2016年、
　　　アメリカは2012年。
資料：労働政策研究・研修機構「データブック国際労働比較2018」（2018年）
出典：内閣府「令和元年版　少子化社会対策白書」2019年　p.28

にあるものの、30歳代・40歳代の年齢層は、他の年齢層に比べ長時間労働の
傾向にあり、他国と比べても、その傾向は顕著である（図1－15、1－16）。

▼子育てにおける父親の役割

わが国では、1994（平成6）年の「今後の子育て支援のための施策の基本的方向について（エンゼルプラン）」を機に、本格的な少子化対策と子育て支援施策が行われている。子育て支援施策は、当初は「母親」に焦点を当て、母親が仕事と子育てを両立することができるような施策が中心であった。しかし、それは、「子育ては母親が行うものである」との固定観念につながり、父親の役割には着目されなかった。

2002（平成14）年に策定された「少子化対策プラスワン」では、新たに「男性の働き方の見直し」が重点施策のひとつと位置づけられ、子育てにおける父親の協力が不可欠であるという、新たな視点が盛り込まれた。

少子化の進行、家族観・家庭観の変化はあるものの、夫婦でともに協力して子育てをしていく考え方が今や当たり前の時代となった。

▼父親による子育て状況

今日、夫婦で協力して子育てをしていく考え方は当たり前の時代であるが、実際は父親による子育ては、母親に比べるとはるかに短いことがわかる（図1−17）。

6歳未満の子どもをもつ夫婦の1日当たりの家事・育児時間の国際比較をみても、わが国は「夫の家事・育児関連時間」は1時間23分、うち「育児の時間」は49分となり、他国と比較しても低い水準にあることがわかる。また、夫と妻のそれぞれの時間においても他国より妻への比重が大きく、子育てへの考え方と現実との間のギャップが顕著にうかがえる。

このように、子育て家庭を取り巻く状況は、時代とともに変化してきている。両親がいる家庭ばかりではなく、母子家庭や父子家庭などのひとり親家庭にとっては、なおさら子育ては大変な状況となる。

それは家庭という枠組みだけでなく、子どもの成長・発達の状況や親と子どもとの関係性などにも影響を与えることにつながる。核家族化の進行や近隣組織との希薄化などにより、従前と違い、子どもをもつ親が子育てに関する相談や助言をリアルタイムに受けられない状況は、さまざまな問題をもたらしている。子どもの成長・発達や子育て方法などの不安や悩みは、「地域から孤立している母親」や、「障がいのある子どもをもつ保護者」などに限らず、今日の「子どもをもつすべての家庭」において、多かれ少なかれ存在するものである。

したがって、今やどのような子育て家庭にも子育て支援が行われるべき時代となってきているといえるのではないだろうか。

図１－17　６歳未満の子どもを持つ夫婦の家事・育児関連時間（１日当たり・国際比較）

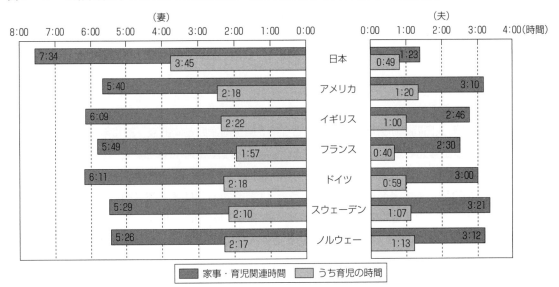

備考１：Eurostat "How Europeans Spend Their Time Everyday Life of Women and Men" (2004)、Bureau of Labor
　　　　Statistics of the U.S. "American Time Use Survey" (2016) 及び総務省「社会生活基本調査」(2016年) より作成。
　　　２：日本の数値は、「夫婦と子供の世帯」に限定した夫と妻の１日当たりの「家事」、「介護・看護」、「育児」及び「買い物」の合
　　　　計時間（週全体平均）である。
資料：内閣府資料
出典：内閣府「令和元年版　少子化社会対策白書」2019年　p.30

まとめてみよう

①「家族」と「家庭」の違いについて、あなたの考えをまとめてみよう。
②今日の子どもをもつ家庭の現状と課題について、まとめてみよう。
③子どもをもつ家庭を支援する意義について考えてみよう。

【参考文献】
喜多一憲監　堀場純矢編『みらい×子どもの福祉ブックス　児童家庭福祉』みらい
　2019年
上田衛編『保育と家庭支援［第２版］』みらい　2018年
厚生労働省「平成30年　国民基礎調査の概況」2019年
　https://www.mhlw.go.jp/toukei/saikin/hw/k-tyosa/k-tyosa18/index.html
内閣府「令和元年版　少子化社会対策白書」2019年
　https://www 8 .cao.go.jp/shoushi/shoushika/whitepaper/measures/w-2019/
　r01pdfhonpen/r01honpen.html
国立社会保障・人口問題研究所「報告書『第５回全国家庭動向調査　現代日本の家族変
　動』」2013年
　http://www.ipss.go.jp/ps-katei/j/NSFJ 5 /Mhoukoku/Mhoukoku.asp

コラム

イクメンと呼ばれる夫による育児は進むのか？

　「イクメン」という言葉が流行語になって久しい。イクメンと呼ばれる夫は、どのような育児をしているのだろうか。

　国立社会保障・人口問題研究所が行っている「第5回全国家庭動向調査（2013年）」の結果から、「週1〜2回以上育児を遂行した夫」の育児の種類は、「遊び相手になる」と「風呂に入れる」がもっとも多く、次いで「泣いた子をあやす」や「おむつを替える」「食事をさせる」が続く。

　一方、夫の育児に対する妻の期待はというと、「期待する」は第4回（2008年）の調査時が62.2%であったが、第5回の調査では53.3%に低下し、反対に「期待しない」が37.8%から46.5%へ上昇している。また、夫の育児に対する妻の評価は、「満足」と回答した妻の割合は第4回の調査時の60.7%から第5回の調査では58.4%に微減している。

　厚生労働省が2012（平成24）年に行った調査では、保育所への「送り迎え」を「母親が行っている」世帯が約67%、「父親が送り、お迎えは母親が」の世帯が約9％となっており、共働き世帯であっても保育所への送迎は、母親の役割である世帯が多い。これは、働いている母親に比べると、父親が「お迎え」に行くことや、お迎えに行くために仕事を切り上げることを「当然」としない職場文化にあるともいわれている。

　なぜ、父親による育児は進まないのか？

　松田茂樹の研究では、父親が考える育児とは「遊ぶこと」であることが多いという。また、大和礼子の研究では、「夫と妻が置かれている職場環境や労働環境に左右される」や「夫と妻のそれぞれの収入に左右される」、そして「夫の意識に左右される」ことが理由であるという。

　わが国の夫・父親、ひいては男性は、育児についてどのような「本音」をもっているのだろうか。わが国の子育て支援は、今や「男性の意識改革」にその命運がかかっているといっても過言ではないと考える。

　あなたは、どう考えるだろうか？

第2章　保育者が実践する子ども家庭支援とは

✎ 「子ども家庭支援」の目的とは？

みずよ先生　第1章では子どもや家族、その家庭を取り巻く環境についてみてきました。

みらいさん　家族や家庭のおかれている環境や、考え方が昔と比べると変わってきているのですね。こうみていくと、相談相手も少なくなって、昔より子育てが大変になっているように感じます。私自身、これから子どもを生んで育てるかもしれないことを考えると、ちょっと不安になってしまいます。

みずよ先生　そんな子育ての不安を解消できるように……。

みらいさん　家庭を支援する役割が保育士にも求められるようになったのですね！　でも、一体どんな支援を行っているのですか？

みずよ先生　保育士が行う子ども家庭支援といっても色々な形があります。保育士が保護者を直接的に支援することももちろん大切ですが、支援を受けた保護者がそのような悩みや不安を乗り越えて一回り成長していくことで、子どもに対する接し方もが変わってくる面もあると思います。ほかにも子育てサービスと連携したり、不適切な養育環境を支援したり、障がいのある子どもの家庭を支援すること等もあります。

みらいさん　なるほど。「支援」と一言で表されても、その姿はさまざまなんですね。

みずよ先生　ここでみらいさんに質問です。子ども家庭支援の一番の目的は何だと思いますか？

みらいさん　え？　一番の目的……？

みずよ先生　キーワードは「子どもの最善の利益」です。この後の章では、それぞれのテーマに応じて深く学んでいきますので、第2章では子ども家庭支援の全体像をしっかりと押さえていきましょう！

みらいさん　はい！　よろしくお願いします！

子ども家庭支援の基本的考え方

① 子ども家族支援とは何か

▼子ども家庭支援の位置づけ*1

　2017（平成29）年に改定された「保育所保育指針」の「改定の方向性」に示されているように、子ども・子育て支援新制度の施行等を背景に、保育所は「保護者と連携して子どもの育ちを支える」という視点をもち、「子どもの育ちを保護者とともに喜び合うこと」を重視して支援を行うことや、各地域において子育て支援に携わるなかでさまざまな社会資源との「連携や協働を強めること」が求められている[1]。また、多様化する保育ニーズに応じた保育（病児・病後児保育や一時保育等）や、特別なニーズを有する家庭への支援、児童虐待の予防（啓発等を含む）等、近年、保育所が担う子育て支援の役割は、より重要性を増している。

　こうした経緯をふまえ、旧保育所保育指針上の「保護者に対する支援」の章は、「子育て支援」の章に改められて再編され、「保育所を利用している保護者」と「地域の保護者等」に対する子育て支援の2つが位置づけられた。

　なお、保護者と連携した子どもの育ちの支援（子育て支援）という視点から、「保護者支援の基本となる事項（基本姿勢や支援の内容等）」と「家庭支援にかかわる諸理論」等を集約整理した分野・領域を「子ども家庭支援」[2]と呼んでいる。

▼子ども家庭支援の対象

　「子ども家庭支援の対象」に関しては明確な定義が存在しないが、地域から孤立している家庭や、経済的困難を抱える家庭等の"困難なニーズ（諸課題・問題）を抱えた人たち"に限られるのではなく、"子育てをしているすべての家庭が対象になる"ととらえるのが一般的である。そのような意味では「通常保育」も広く子ども家庭支援のなかに含まれる。

　また、各種相談に代表されるような諸問題は、家庭ごとに出現する内容・経過も異なり、さらに各家庭がその状況等を問題としてとらえるか否かも判断が分かれることが多い。

　そして、「支援」の内容や期間等は、親子や夫婦のニーズ、家庭の状況をふまえて検討されるが、特別なかかわりによるものばかりではない。実際には、「親」「子ども」「環境」をキーワードとして、「送迎時の対応や連絡帳等による日常的なかかわり」「ドキュメンテーションやポートフォリオ等を用

＊1
保育者が行う「子ども家庭支援」の範囲は広く、限られた紙面ですべての内容を網羅することは難しい。そのため、本章では、主に「保育所」と「社会的養護」の視点からこのテーマに関する知識等の習得を行う。また、「保育者」の表記が本文と馴染まない部分が多いため、「保育士」の表記を用いる。そのため、適宜読み替えをお願いしたい。

いた保護者への促し」「ソーシャルワークやカウンセリングの技術を用いた面接」等に代表されるように、その多くが保育所等で日々行われている行為であり、直接的・間接的なかかわりを通して親子の成長につなげる営みといえる。

▼子ども家庭支援の目標と役割

　子ども家庭支援の内容は前出のとおりであるが、山縣文治[3]は 4 つのターゲット（目標）を整理している。それは、第 1 に「子どもの育ちの支援」（基本的視点となる子ども自身の成長発達の支援）、第 2 に「親育ちの支援」（親［保護者］になるため、あるいはひとりの社会人としての生活の支援）、第 3 に「親子関係の支援」（子育て・親育ての支援）、第 4 に、これら 3 つが存在する家庭および地域社会への支援という「『育む』環境の育成」であり、家庭を支援する際には、この 4 つのターゲットを意識して「育ち」「育てる」「育む」という 3 つの「育」を大切にしていく必要性を指摘している（図 2 - 1）。

　そのうえで、これらの働きかけを行う意義を、①現に家族が抱えている問題に対処することでその軽減や緩和を図ること、②親子が独り立ちの過程で出会うさまざまな問題への対処能力を身につけていくことができること、③家庭と地域や社会資源を結び付けることで地域の一員としての家庭の意味を再認識させ地域づくりそのものにも貢献できることに見出している。

　これらは、家族や家庭を焦点とした包括的な取り組み（support*2）を重視するかかわりをあらわすものであり、「子ども家庭支援」において、子どもの育ちの視点から子育て家庭をトータルに支えていく重要性を説明したものと理解できる。そして、一連の保育士のかかわりは、児童福祉法第 18 条の 4 に「児童の保護者に対する保育に関する指導」としてその業務が位置づけられているように、「子育てに関する相談、助言、行動見本の提示その他の

*2
「支援」と「援助」の使い分けに関する明確な基準はない。「支援」を英訳すると、「support」や「help」であらわすことができるが、前者を「補完的・補助的な意の強い働きかけ」、後者を「代替的な意味の強い働きかけ」ととらえて理解すると方向性がみえてくる。

図 2 - 1　子ども家族支援のターゲットと支援内容

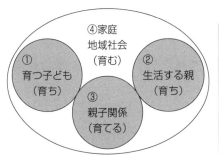

○家庭・地域社会の「育む」環境の育成

・円滑な親子関係を営むためには、家庭の経済基盤や住宅環境等が重要。
・家庭自体が地域の一員として認められ、孤立していないことも大切。
↓
「子ども家庭支援」に直接関係ないように見えるかもしれないが、社会資源の調整や紹介等においても重要な要素（視点）となる。

出典：山縣文治「家庭支援の構造」橋本真紀・山縣文治編『よくわかる家庭支援論［第 2 版］』ミネルヴァ書房　2015 年　pp. 4 - 5 を一部改変

援助業務」を行うことで、安定した親子関係や家庭環境が築かれたり、保護者の養育力の向上につながることがめざされる。

② 子ども家庭支援が必要とされる背景

▼保育の政策的動向の観点から

　保育所における地域に向けた取り組みは、1987（昭和62）年の「保育所機能強化費」の予算措置を契機とする。1994（平成6）年に「エンゼルプラン」が策定されて以降、地域に存在する身近な児童福祉施設である保育所には、地域の子育て支援の役割が一層求められるようになった[4]。

　その後、1999（平成11）年改訂の「保育所保育指針」総則部分では、当時の子どもを取り巻く環境の変化をふまえて、保育所には「地域の子育て支援」を目的として「保育に関する相談に応じ、助言する」等の社会的役割を担うことが明記された。同指針第13章には、地域における子育て支援にかかわる具体的内容として、「一時保育」「地域活動事業」「乳幼児の保育に関する相談・助言」があげられる等、子育ての知識・経験・技術を蓄積している保育所の特色・特長を生かした多様な子育て支援の取り組みが展開[5]されたことで、地域の子育て支援の一翼を担う基礎が出来上がっていった。

▼家庭の子育て機能（家庭養育）の観点から

　保護者に対する子育て支援および地域の保護者等に対する子育て支援は、「子どもの保育に関する全体的な計画と密接に関連して行われる業務」であり、実践する側である保育所や保育士への期待は一層高まりをみせている。

　背景にあるのは、「家庭内の子育て機能が量的にも質的にも低下してきている」こと等の現代社会が抱える実態である。内閣府は2004（平成16）年の『少子化社会白書』において、「3世代同居世帯が多く、子ども自身もきょうだい数も多く、地域社会でも子どもたちの数が多かった時代と比較をすると、家族規模が縮小し、親と子の核家族世帯が中心で、しかも大都市部のように隣近所に誰が住んでいるのかよくわからないような現代社会では、家庭の子育て力や地域社会の子育て力は、以前よりも低下している」ことを指摘し、「乳幼児を抱えた若い夫婦が、周囲から適切な支援を受けられない場合には、特に母親が育児に対して孤立感や疲労感をいだき、場合によっては育児ノイローゼや児童虐待等の望ましくない結果を引き起こす」[6]ことを記す等、適切な支援が受けられていない状況と、それらにともなう弊害を危惧している。

　当時、すでにこのような状況が一定数は確認[*3]されていたものと推測されるが、「子育て家庭の養育」をとらえていくときには、「育てる側の親」と

「育てられる側の子ども」相互の「時代による環境の違い」は見逃せない。特に近年では、少子化、家族の小規模化、地域社会の変容等に加えて、社会・経済の進展にともなうグローバル化やＩＴ化、インターネット上の人権侵害、教育や語学学習の低年齢化、遊びの変化（時間・相手を含む）等、確実に"子育て"の姿は変化してきている（表2−1）。

　このような視点から「子育て家庭の養育」をとらえていくと、以前の子育てと現在の子育ては中身も背景も異なることがわかる。それゆえ、「そもそも以前の子育てと現在の子育て比較対象とすること自体に無理がある可能性」*4 については、十分に理解しておきたい。

▼社会的養護等の観点から

　厚生労働省の調査によると、1952（昭和27）年の児童養護施設の入所理由は「破産等の経済的理由」「父／母・父母の死亡」が上位を占めていた。それに対して近年では、「父または母の虐待・酷使」等に代表されるいわゆる子ども虐待等を主たる理由とする姿に変化し、発達障害や知的障害をはじめとした心身上の配慮が必要な子どもの入所も増加傾向にある等、孤児・棄児の保護に関する理由が多かった旧来の施設入所（保護等）の状況とは明らかに異なる。

*4
内閣府がいう「子育て力」は「近隣関係、家族、子ども間」等の多くの人による子育ての支援があった状況と比較すると「下がった（低くなった）」ことを指摘するものであり、「近年の保護者（親）ほど養育力が低い」との指摘とは一致しない。本文中の内容をふまえれば、むしろ「近年ほど保護者に求められる養育力は高度化してきている」ともとらえられる。

表2−1　時代の変遷と社会・経済等の変化

		1960 A	1980 B	C	1990 D	2000 E
産業等		農業が産業の中心	工業化の進行	情報化＝高度工業化	高度情報化国際化	IT化（超高度情報化）グローバル化
生活関係		○地域　家庭内で生産労働　家事労働ともに行われていた。	○都市化　人間関係の希薄化→	○労働条件の変化──	過労死多発　ポケベル　携帯電話	──→失業率増加　50代の自殺増加　──→消滅　──→低年齢化、公衆電話の減少
			○核家族化（家族規模縮小）	○単身赴任　労働法「改訂」	超核家族化　少子化　児童虐待の頻発	家族の多様化　「パラサイトシングル」概念の出現、シングルマザーの増加　児童虐待の増加
		○地域　家族に教育力があった。（自然とのかかわり　人間関係）	○生活の中から労働消える→	○婦人の夜間労働可	──→高齢化　──→進行　保育　福祉の商品化の進行	
			○時空間の窮乏化	○男性も1日の長時間労働の制限はずれる	超高齢出産可能クローン生物の出現　遺伝子組替食品の問題　規制緩和　フリーター増加	
			○自然からの隔絶→	○自然破壊の進行　──進行　（一方でビオトープ運動　共生の考え方の普及）		
			○能力の管理	○家事労働外注化　──進行　紙オムツの普及率大		
				○人格の管理　──→早期教育の過熱化　学級崩壊　情報公開　学校5日制導入　完全学校5日制開始　総合学習導入		
			○情報の氾濫　──→	○コンピューター管理　──→		──→コンピューターによる通信教育　メディア化の拡大　ゲーム多種
		○買い物　地域の小売商中心	○デパートスーパー　──→	○キャッシュレス時代──		──→完全キャッシュレス化の方向へ
				○コンビニエンスストア　──→増加		──→コンビニ機能拡大（ATMも）　ペイオフ解禁　無人コンビニエンスの増加

出典：金田利子「生涯発達・異世代・異文化の相互理解と新たな共生」岸井勇雄他監　金田利子・齋藤政子編『家族援助を問い直す』同文書院　2004年　p.97より一部抜粋

多くのケースで子どもの保護者が存命している現代の施設養護の現場では、「子どもの最善の利益」の視点から各種の支援が行われている。一般的に、措置[*5]を伴うケースの支援においては、「家庭への指導（在宅指導等）」のほかに、施設入所等による親子分離がある場合には「子どもの安全確保」「日常生活支援等」と並行して「家族再統合に向けた支援」が行われることになる。家族再統合に向けた支援の具体的なかかわりには、さまざまな方法があるが、児童養護施設における家族（保護者等）との面談を例にしても、電話でのやりとりや、来所時の面接、家庭訪問等の方法があげられる。子どもの一時帰省や親子外出等のほかにも、このような機会・場面を通して、子どもや家族の様子を伝えあったり、気持ちや今後の希望の確認、実際の生活の様子を知ることで、家族をトータルに支えて再統合に向けて適切な形でかかわることができるようになる。

また、児童虐待等から子どもを保護するケースでは、施設入所中は一時的に施設長が「当該児童の保護者」に代わる「親権者」となって養育（養護）を担うが、施設養護や里親委託における家庭支援の意義は「親と子どもがよい関係でつながりを持ち続けていける関係を構築・支持していくこと」にある。このように、どのような措置理由があるにせよ、家庭復帰が最も望ましい形であることはいうまでもないが、実際にはそれが望めないケースは少なくない。そのようなとき、保育士ら、支援する側に理解しておいてほしいことは、①「親と暮らす形を模索することだけが支援の形ではない」ことと、②「家庭復帰ができなくても家族との関係は永続的である」という視点である。たとえ入所に至った経緯が保護者の不適切なかかわりによることが理由であったとしても、生来の家族との関係継続は、子どもの自立、人格形成、精神的な支えとして非常に重要なものである。時々の状況を見極めて適切かつ効果的な形で親子の関係を整えたり、よりよい状況をめざして多角的な視点から親子を支持していくことは、社会的養護にかかわる者に課せられた重要な責務[*6]である。

 ## 子ども家庭支援の基本的視点

① 保護者に対する支援とポイント

▼支援を必要としている家族をとらえる際の着眼点

支援が必要な家族や家庭をとらえる際には、「子どもの育児で悩むケース」

「適切な相談相手がいなくて悩むケース」「子どもの発達に関して悩むケース」「児童虐待の状況があるケース」等、当該場面を分類することが多い。

　記録の整理上、あるいは担当した事例を整理するうえではまったく害のないことであるが、ケースワーク等に関する数多くの臨床経験をもつバーグ（I. K. Berg）[7]は、発生している「問題」にばかり目を奪われて背景要因（人や状況）は忘れがちになることを理由に、このような分類はとても危険なやり方であり、実際の支援内容を検討していく際にも影響を与えてしまうことを指摘している。これは、先入観や経験則に頼らず、生じている「問題」は「新規のもの」として慎重に取り扱う重要性を説いたものである。家族ごとに「問題のあらわれ方」「背景」「支援」のいずれもが異なることを考えれば、支援を提供する側の保育士が常に気を配るべき態度といっても過言ではない。

　実際には、表2－2のような視点から状況をアセスメントし、その家族にとって意味のある内容を提案・提供できてこそ、保護者やその家族全体をエンパワーでき、問題の解決・緩和に向けてうながしていくことができる。このような一連の姿こそが、バイスティックも提唱した「個別化の視点」[*7]に他ならない。

＊7
第4章参照。

▼支援を展開する際の着眼点

　保育所等における「支援」とは、当事者である保護者に、保育士が側面的かつ意図的・計画的に目的をもってかかわり、問題の解決・緩和に導く一連の過程をいうが、携わる専門職が問題の解決・緩和に必要な内容を用意・提案するわけではない。ときとして、「保育場面に同席してその方法を習得したり子どもの様子から気づきを得てもらう機会を設定すること」[*8]もあれば、「面談等を通して保護者の考えを整理したり気づいていない部分をフィード

＊8
たとえば、保育参加および保育参観では、いずれの活動からも一定範囲（量）の保護者の気づきを生むことができる[8]こと等、保育現場では目的をもった意図的計画的な保育が求められている。

表2－2　当事者の問題のとらえ方（アセスメントの視点）

当事者の状況を把握し、「成長や好機へと転換する」ための視点
1．今回の問題は、以前と何が違うのかを見つけ出すこと。 　→　当事者にとって、これまでの問題と何が違うのかを見つけ出す。 2．出来事（問題）と、考えられる要因の繋がりはどうなっているのか。 　→　問題を引き起こした要因や、両者はどのような関係にあるのか。 3．当事者が、問題に対してどのように対処してきたのか。 　→　「何とか自分たちで対応した」時間や内容を肯定的に評価していく。 4．当事者は、過去の問題をどのように乗り越えてきたのか。 　→　当事者の過去の経験を応用できるかを支援者は理解しておく必要がある。 5．もっと悪い状況になっていない理由は何か。 　→　問題の詳細が分かったら、当事者が問題を抑制したり、悪くならないようにした手立てに着目する。

出典：I. K. Berg（磯貝希久子監訳）『家族支援ハンドブック―ソリューション・フォーカスト・アプローチ―』金剛出版1997年　pp.248－253をもとに作成

バックしたりする」こと等、その方法・手法も多様なのが実際である。

　ここで例示した両者は、保護者が「自身がもつ力」に気づいたり、「その力を育てる」というエンパワメント*9の視点を生かしたかかわりによるものという共通性をもっている。エンパワメントによって当事者の力を引き出したり、高めていくことで、子どもへのかかわりや生活環境等がより好転する契機となり、子どもの「最善の利益」の実現につなげていくことが可能になる。

②　子どもの発達段階ごとの課題と支援のポイント

　子どもの成長発達や自立支援等のあり方を考えるとき、発達段階ごとの特徴やそこから見出される課題に着目しながらかかわることが望ましい。

　文部科学省「子どもの徳育に関する懇談会」において、道徳性の涵養をめざしまとめられた内容[8]を参考に整理すると、保育士が職務上かかわる年齢*10の子どもへの支援を考えるにあたっては、以下のような視点が必要になる。

▼乳幼児期

　共働き家庭、非共働き家庭、それぞれの生活実態にあった支援を幅広く考えていく必要がある。出産や子育てを起点にして親として成長していく過程では、子どもが0歳から保育を必要としていく場合もあれば、障がい児福祉や母子保健のサービス、親同士の交流や情報交換の場を求めている場面もある。

　そうした場面に適切かつ効果的に対応していくためには、どの地域にも「量と質が担保された多様なサービス」が必要になり、目まぐるしく変化する制度をコーディネートできる「サービスの利用支援」を担う存在が欠かせない。子どもとの新たな生活を作り上げていく基礎を支えることになるこの時期には、多様な家族の形に対応できる社会資源が必要になる。

▼学童期

　小学校低学年の頃には、集団や社会のルールを守る態度をはじめとして「善悪の判断」や「規範意識の基礎の形成」、同高学年になると「自他の尊重の意識や他者への思いやり等の涵養」や「集団における役割の自覚や主体的な責任意識の育成」等が子どもの発達において重視すべき課題となる。情操教育等の役割も果たす放課後児童クラブの充実や、乳幼児期を通して培ってきた体験・経験を基礎として、「生きる力」*11を育む取り組みが望まれる。

▼青年期（前期）

　「生徒指導に関する問題行動」が表出しやすいのが思春期を迎えるこの時

期の特徴であり、「不登校の子ども」の割合の増加や青年期すべてに共通する「引きこもり」が増加傾向を示す時期でもあるこの頃には、必要に応じてカウンセリング等も含む専門的な相談支援体制を整えていく必要がある。

　その反面、自らの生き方を模索したり、性に関する意識も高まる時期でもあることから、ボランティアや地域での諸活動が積極的に取り入れられたり、性教育等が求められるのもこの時期である。

▼青年期（中期）

　自立した大人となるための最終的な移行時期であるこの頃は、思春期の混乱を越えて自身の将来について模索する段階にある。青年中期の子どもの発達において重視すべき課題は、社会の一員としての役割の理解や自覚をうながすことであり、行動に向けた指導や、就労・自立に対する支援等が求められる。

　施設等に措置されている入所児童の場合には、退所を間近に控えたケースも多いことから、施設を退所した後の自活に向けた生活スキルの習得や、職場（仕事）への定着に向けての支援（アフターケアを含む）が検討される。

3 保育者の専門性を生かした支援

① 子ども家族支援にかかわる各種サービス

　子ども家族支援に関するサービスは、2015（平成27）年の「子ども・子育て支援新制度」の施行をはじめとして、現在、国、都道府県、市町村が連携する形で推進されている。就学前児童を例にすると、同制度のもとで「地域子ども・子育て支援事業」として運用されている「一時預かり事業」「延長保育事業」「病児保育事業」等は、すでに子育て家庭の身近なサービスとして定着している。

　そして、いわゆる早朝保育、延長保育、夜間保育の拡充は、都市部を中心に高い需要をみせているが、それと並行して指摘されるのが、長時間にわたって家庭を離れて保育を受けることにともなう子どもへのマイナス面の影響（弊害）である。この点に関して道標になるのが、安梅勅江らの研究[10]である。同研究では、「子どもの発達と適応への複合的な影響要因」を明らかにするために、「全国の認可夜間および併設昼間保育園を利用している1歳児および保護者、保育専門職」を対象に追跡調査を実施した結果、5年後の子どもの発達と適応には「相談者の有無」が強く関連したが、「保育時間の

長さ」はコミュニケーションや運動能力の差に関連しなかったと結論づけている。

しかし、子どもが過ごす場所や時間が発達や適応に与える影響は小さいとしても、長時間の保育を受けている子どもは、それだけ親子で過ごす時間が少なくなることに変わりはない。保育所での子どもの様子や成長を保護者に伝えるための工夫を行う等、「子ども」とその「家族・家庭」の最善の利益の実現をめざして取り組んでいく姿勢が求められている。

② 保育所における家庭支援の実際

▼支援場面と支援方法

地域の身近な専門機関であり、子育てに生かせるノウハウを蓄積している保育所は、家庭を支援していくための多くの手立てをもっている。

保育所における「日常的かつ継続的」に行われる「入所児童の保護者」や「地域」に向けた支援場面の例としては図2-3の内容があげられる。これらは、保護者や家庭、季節、年間計画等の保育所の状況や必要に応じて展開されることになる。

その際に用いられる「支援方法」としては、表2-3の保育相談支援（表中の②相談援助、以下同じ）に関する内容もあれば、地域の子育て家庭全体

表2-3 保育所における子ども家庭支援

支援方法	支援内容
①保育	○子どもへの直接的な発達援助 ○子育ての補完・負担軽減・休息、見守り、支援 ○養育モデルの掲示、パートナーシップの育成
②相談援助	○保護者が抱えている不安・悩み等の傾聴、支持、情報提供、助言 ○気になる子どもの行動や子育てに関する相談、支援
③交流・体験活動	○親子のあそびと交流、親のリフレッシュや自己実現、保護者同士の関係育成、地域の交流 ○保育・あそび・生活体験の体験 ○子育てや地域生活への安心感・自信・自己肯定感の醸成
④学習・教育プログラム	○子育て・生活・人間関係等のスキルアップ ○親子関係の調整
⑤アウトリーチ	○地域に出向いた子育てニーズの把握 ○地域に出向いた活動・相談援助
⑥マネジメント	○障害・精神疾患・DV・虐待等、特別な支援を必要とする子どもと家庭への援助 ○子どもと家庭の個別のニーズに応じた専門機関・施設や関連サービス、地域社会資源との連絡・連携・役割分担等
⑦ネットワーク	○地域社会資源の開発・育成 ○地域のネットワーク化

入所児童の保護者への支援

1．日常的なかかわり（送迎時の対応・連絡帳・おたより等）
2．保護者懇談会
3．保育参加
4．園内行事
5．個別面接
6．保護者同士の自主活動

地域の親子に向けた支援

7．地域に向けた施設や設備の開放
8．親子の交流（あそび・活動など）
9．体験保育・講演などのプログラム
10．情報提供
11．子育てに関する相談援助
12．一時保育

※支援で用いる援助方法の例 →

出典：金子恵美『保育所における家庭支援—新保育所保育指針の理論と実践』全国社会福祉協議会　2008年　pp.51-52をもとに作成

36

への支援（③交流・体験活動、④学習・教育プログラム、⑤アウトリーチ等）、専門機関との連携・協同による支援（⑥マネジメント）、地域の組織化に関する支援（⑦ネットワーク）等がある。表中の①〜⑦のいずれもが、「人と人を結びつけ」たり、「子育てを支持していく」ものであり、保育士がその専門性や特長を生かして展開していく専門的な働きかけにほかならない。

　なお、これまでに触れてきたように、保育所が担う支援やその内容は多岐にわたる。しかし、そのなかで保育士（保育所）がそのすべてを担い展開していくことは現実的ではない。子育て支援の中心を担う役割であることは確かだが、「所属する保育所の機能や限界」を知り、支援そのものに限らず「地域の他の社会資源との橋渡し役」としてネットワークの一翼を担う等、ニーズにあわせてその役割もさまざまであることを理解しておきたい。

▼相談場面における保護者支援の技術の有効性

　本章の冒頭で触れたように、保育所における保護者支援は、日々の保育活動を通して行われている行為であるが、非専門的なかかわりと比べて、その専門性（理論的な部分）はわかりづらいことも多い。

　『保育所保育指針解説書』にあるように、保育相談支援（保育指導）は、「各家庭において安定した親子関係が築かれ、保護者の養育力の向上につながること」をめざして、「保育の専門的知識・技術を背景」として行われる営みである。その際に、保育士には、①「発達援助」、②「生活援助」、③「保育の環境構成」、④「遊びの展開」、⑤「関係構築」、⑥「保護者等への相談・助言」に関する各知識・技術を「状況に応じた判断のもとで適切かつ柔軟」に用いて、子どもの保育と保護者への支援を展開していくことが示されている。保育所保育士が行う「子ども家庭支援」の代表例としては「保護者からの各種の相談」等があげられるが、理論的に整理すれば、前出の「①〜⑥の保育の知識・技術」と、表2－4に示す「保育相談支援（保育指導）」の技術を組み合わせて展開されるかかわりであるといえる。

▼潜在的なニーズへの対応

　保育場面では、保護者から相談が持ち込まれることもあれば、養育上の課題が生じていることに保護者自身が気づいていないケースもある。実際には行政の窓口等の「相談支援機関」での対応と比べて特徴や目的が異なる等、一概に「ニーズへの対応」といっても、実に多様な側面がある（表2－5）。

　とりわけ、保育所等の保育現場における相談支援の場合には、自己開示とフィードバックによって当事者が「気づき」を積み重ねる支援を行い、当事者が自らの力で問題の解決・緩和に向かうことを支持していくことになる。このとき、対人支援の場では「支援する側とされる側の信頼関係（ラポール）」

表2-4　保育相談支援（保育指導）技術の類型化と定義

		技術類型	技術の定義	下位項目
受信型	情報収集/分析	観察	・推察を交えず視覚的に現象を把握する行為	●経過観察 ●行動観察 ●状態の観察
		情報収集	・保護者や子どもの状態を把握するための情報を集める行為	●情報収集の働きかけ ●情報の把握
		状態の読み取り	・観察や情報収集により把握された情報に、保育士の印象、推察を交えながら保護者や子どもの状態を捉える行為	●現状の把握 ●状態の読み取り ●表情の読み取り
	受容的の技術	受容	・保護者の心情や態度を受け止める発言や行為	●受け止め
		傾聴	・聴くことの重要性を認識した上で、保護者の話を聞く行為	●話をきく
		共感・同様の体感	・保護者と同様の体感する、もしくは保護者の心情や態度を理解し、共有しようとする行為	●共感 ●子どもの成長を喜び合う
発信型	言語的援助	会話の活用	・保護者との関係の構築を目的として、挨拶、日常会話などを意識的に活用している行為	●あいさつ ●会話 ●声をかける ●話すきっかけ（機会）をつくる
		承認	・保護者の心情や態度を認めること	●承認 ●労う ●褒める
		支持	・保護者の子どもや子育てへの意欲や態度が継続されるように働きかけること	●支持
		気持ちの代弁	・現象から対象者の心情を読み取って他者に伝えること	●子どもの気持ちの代弁 ●母親の気持ちの代弁
		伝達	・子どもの状態、保育士の印象を伝えること	●子どものよいところの伝達 ●状況の伝達（印象・感情なし） ●保育者の気持ちの伝達
		解説	・現象に保育技術の視点から分析を加えて伝える発言や行為	●解説
		情報提供	・広く一般的に活用しやすい情報を伝えること	●情報提供
		紹介	・保護者が利用できる保育所や資源、他の機関やサービスについて説明し、利用を促すこと	●紹介
		方法の提案	・保護者の子育てに活用可能な具体的な方法の提示	●方法の提案
		依頼	・保育士が必要性を感じ、保護者に保育や子どもへのかかわりを頼むこと	●依頼
		対応の提示	・保育所における子どもや保護者に対する保育士の対応を伝えること	●対応の提示　　. ●承諾を得る
		助言	・保護者の子育てに対して抽象的に方向性や解決策を示すこと	●助言
	動作的援助	物理的環境の構成	・援助のための場や機会の設定	●場の設定 ●手段の活用
		観察の提供	・保護者が子どものようす等を観察する機会を提供すること	●観察の提供
		行動見本の提示	・保護者が活用可能な子育ての方法を実施の行動で提示すること	●行動見本の提示
		体験の提供	・保護者の子育ての方法を獲得するための体験を提供すること	●体験の提供
		直接的援助（保護者）	・保護者の養育行動を直接的、具体的に援助している行為	●養育に対する直接的なケア
		子どもへの直接的援助	・子どもに対して直接的に援助を行うことで、保護者の子育てを支えている行為	●子どもへの直接援助 ●子どもへのかかわり
		媒介	・親子や保護者、家族の関係に着目し、働きかける行為	●斡旋 ●話題の提供 ●父への働きかけ ●現状の打開
	方針の検討	協議	・保育所職員間における話合い、相談等の作業、行為	●協議 ●方針の検討 ●相談

出典：柏女霊峰ほか『保護者支援スキルアップ講座』ひかりのくに　2010年　p.77

表2−5　保育の場での「子ども家庭支援」の特徴

①保育の「子ども家庭支援」の独自性
・子どもの保育の専門性を有する保育士が、保育に関する専門的知識・技術を生かして行う ↓ 「安定した親子関係」「養育力の向上」（＝教育・保育要領上：保護者の子育てを自ら実践する力の向上）

②潜在的なニーズへの対応
・問題や課題の解決・緩和を目指すにあたっての支援は、保護者の自己決定が前提になる。 ・【相談支援機関】での相談】・・・保護者が相談しなければならない事情が明白 ・【保育現場】での相談】・・・ニーズが明確でないことや保護者が気づいていない場合も多い 　→ 早期に気づいて対応していくことで、深刻化を防ぎ、予防が可能になる。 　　そのため、保育現場では日々のさまざまな関わりが大切にされている。

出典：大方美香「保育所が行う子育て支援」伊藤篤編『子ども家庭支援』ミネルヴァ書房　2018年　p.48をもとに作成

が重視されるが、些細な会話のなかでの助言であったり、子どもの育ちに関する喜びを共有する姿といった日々のかかわりが、その信頼を確固たるものにしていくといっても過言ではない。その意味において、保育士が子どもと保護者の「よき支援者」になるためには、「よき理解者」でなければならないということをよく覚えておきたい。「子どもや親」、その「家庭」を育てていく。保育士が「先生」と言われる所以の一端はここにある。

③　保育所以外の児童福祉施設における子ども家庭支援

　乳児院や児童養護施設等では、「入所児童」やその「家庭」に対する支援の他に、「母子家庭等が安心して子育てをしながら働くことができる環境を整備すること」を目的に、一定の事由により児童の養育が一時的に困難となった場合に児童を児童養護施設等で預かる事業として「短期入所生活援助（ショートステイ）事業」と「夜間養護等（トワイライトステイ）事業」が実施されている。児童養護施設等が蓄積してきた専門性を生かした生活支援の制度として、各自治体が窓口となって運用されている。

　また、1997（平成9）年の「児童福祉法」の改正によって制度化され、児童養護施設等に附置（当時）[*12]されることになった児童家庭支援センターは、「児童に関する家庭その他からの相談のうち、専門的な知識及び技術を必要とするものに応じるとともに、児童相談所からの委託を受けた児童及びその家庭への指導、その他の援助を総合的に行う」機関である。2008（同20）年の同法の改正では、児童家庭支援センターの業務に「市町村の求めに応じ、技術的助言その他必要な援助を行うこと」が加えられたことにより、一般的

*12
児童福祉法施行規則の一部改正（2009（平成21）年4月1日施行）にともない、児童家庭支援センターは、乳児院、母子生活支援施設、児童養護施設、情緒障害児短期治療施設（現：児童心理治療施設）および児童自立支援施設に附置することとされていたが、附置要件が削除されたことで当該規定は削除された。

な子育て相談に近い部分は「市町村や他の子育て支援にかかわる事業」に委ねながら、「専門性の高い部分の相談」を受け持つ役割を高めていくことになった。なお、実施要綱において里親やファミリーホームの支援を行うことが明記されているように、里親等の支援機関として機能していくことが期待されている。

✎ まとめてみよう

> ① 子ども家庭支援の「対象」と「目標」について整理してみよう。
> ② 保育士（保育者）が「子ども家庭支援」の中心的な役割を担う必要性について考えてみよう。
> ③ 保育所の「機能と限界」を考えながら、対応できる支援と対応できない支援（持ち込まれた際の対応方法を含む）について考えてみよう。

【引用文献】
1）社会保障審議会児童部会保育専門委員会「保育所保育指針の改定に関する議論のとりまとめ」2016年　pp. 9 - 10
2）保育士養成課程等検討会ワーキンググループ「保育士養成課程等の見直しに向けた検討状況について」（第 8 回保育士養成課程等検討会資料 1 - 1）2017年　p.10
3）山縣文治「家庭支援の構造」橋本真紀・山縣文治編『よくわかる家庭支援論［第 2 版］』ミネルヴァ書房　2015年　pp. 4 - 5
4）社会福祉法人日本保育学会『みんなで元気に子育て支援—地域における子育て支援に関する調査研究報告書』社会福祉法人日本保育学会　2010年　p.15
5）前掲書 2 ）
6）内閣府「平成16年版　少子化社会白書」2016年　p.43
7）I. K. Berg（磯貝希久子監訳）『家族支援ハンドブック—ソリューション・フォーカスト・アプローチ—』金剛出版　1997年　p.247
8）隣谷正範ほか「保育現場における保護者の気付きの質に関する研究—保育参加及び保育参観後の自己分析から」『松本短期大学研究紀要』第25号　松本短期大学　2016年　pp.13 - 21
9）文部科学省子どもの徳育に関する懇談会「審議の概要（案）」2009年
10）安梅勅江ほか「長時間保育が子どもの発達に及ぼす影響に関する追跡研究—1 歳児の 5 年後の発達に関連する要因に焦点をあてて」厚生統計協会『厚生の指標』第51巻第10号　2004年　pp.20 - 26

【参考文献】
網野武博「保育における家庭支援」新保育士養成講座編纂委員会編『家庭支援論—家庭支援と保育相談支援—』全国社会福祉協議会　2015年　pp. 4 - 5

林浩康「社会的養護における家族支援の意義と課題」相澤仁責任編集『家族支援と子育て支援―ファミリーソーシャルワークの方法と実践―』明石書店　2013年　pp.19－29

柏女霊峰「子どもの社会的特性と必要とされる配慮」柏女霊峰『子ども家庭福祉論［第５版］』誠信書房　2018年　pp.10－19

中谷奈津子『地域子育て支援と母親のエンパワーメント―内発的発展の可能性―』大学教育出版　2008年

相澤仁編集代表『家族支援と子育て支援―ファミリーソーシャルワークの方法と実践子育て支援―』明石書店　2008年

コラム

「実践（経験）」と「理論（考え方）」のどちらが先にあるべきか？？

　2018（平成30）年に改定された「保育所保育指針」において、「子どもの保護者に対する保育に関する指導」とは、「子どもの保育に関する専門性を有する保育士」が「保育の専門的知識・技術を背景としながら行う」ものであることがうたわれている。保育所に限らず、認定こども園や家庭的保育事業に携わる保育士であっても、指針の内容と同様の役割が求められることだろう。

　しかし、実際には、大学や短大、専門学校等の保育士養成課程を卒業してすぐに保育現場に出ることがほとんどであろう。つまり、結婚、出産、子育てをした経験もなければ、保護者が抱える悩みや不安について保育の勉強をするまであまり考えてこなかった人も多いだろう。それでも、保育士資格を取得していれば、「子どもの保育」「相談支援」を担う立場となる。

　ここでみなさんに考えていただきたいのは、「実践（経験）」と「理論（考え方）」のどちらが先か？？という壮大なテーマである。さまざまな分野で議論され、一概にどちらが正しいという結論を見出すことができない内容ではあるが、次のような視点からとらえてみると、この疑問を和らげるためのヒントになるかもしれない。

　ここからは筆者の個人的な意見になるが、資格を取得するために"さまざまな教科目で学んだ多くの「理論（考え方）」"が先にあることで、保育場面での子どもの言動の意味が理解できたり、保育士が行う働きかけの根拠（エビデンス）が担保されていくものと思う。このような視点をもちながら、「実践」である保育を展開し、その省察をもとに「理論（考え方）」を修正し、再び「実践」へとつなげていく…。この繰り返しが「省察に基づく実践」であり、「保育は日々勉強」という言葉を使われた先人たちの言葉の真の意図ではないかととらえている。

　また、新任として勤務した際に、「子育てもしたことないのに」「若いので任せるのが不安」等の厳しい意見を受けることがあるかもしれない。このとき、「実は4人の子育て経験があります」「こうみえて30歳なんです」と事実として答えられたとしても、相手は納得してくれるだろうか。きっと答えは"NO"だ。「うちとは子育ての方針が違う」「そっちはそっちの考えがあってのこと」「年をとっていればよいという問題じゃない」等と、話がそれていくか、気まずい雰囲気をつくる結果になることが関の山である。このときにも同じことがいえる。保育士の業務の根拠を支えるのは、「知識」と「技術」、そして「倫理」である。これら3要素がしっかりとしていれば、子どもの最善の利益（子どもにとって何が必要か、何をすべきかという点）をふまえた適切なかかわりを行う力は十分に保障されているものと思う。

　対人支援の領域は、答えのない世界を支えていく難しい仕事といわれることもある。「感覚がよくて保育や相談支援がうまい」と言われる人もいるが、もしかしたらそれは一時的に「できているようにみえる」だけかもしれない。周りの人と比べて焦る必要性はまったくない。保育士をめざして学ばれているみなさんが、一つひとつの知識や技術を、確実に、着実に身につけていくことができれば、きっとよい対人支援の専門職に育つことができるだろう。

第**3**章　子育て家庭を支える法・制度および 社会資源

✎子育て家庭を支えるサービスってどんなサービス？

みずよ先生　ここまで「子ども家庭支援とは何か」という全体像をみてきました。では実際に子育て家庭を支えるサービスにはどんなものがあるか、みらいさんは知っていますか？

みらいさん　サービスですか？　うーん、色々な事業があるということは学んだのですが、具体的なものは保育所くらいしか思い浮かばないです。

みずよ先生　子育て支援は今や、働き方とか社会全体の仕組みにも関係しているの。

みらいさん　そうなんですか？

みずよ先生　ええ。今は核家族化等で、家庭内で子育てにかかわる人が少なくなっているでしょう。そうするとどうしても一人の負担が大きくなりますね。一人の負担がすごく重くなったらどうなると思いますか？

みらいさん　私だったら、すごく辛くなったり、何で私ばっかりって思ってしまうかもしれません。

みずよ先生　そうですね。たとえば、今、大きな問題となっている子ども虐待の背景にも、そうした子育てへの負担感も背景にあるのかもしれないですね。子どものためにも、子育てをしている人の負担を減らすため、支える人を増やすことが大事です。仕事をしている人が早く帰れるようにしたり、育児休業を取りやすくしたり。そうしたことも子育て支援のひとつなのですよ。それに、子育てをするのはその家庭内の人だけでなくてもよいと思うのです。もっと、社会全体で支えていくことも必要よ。

みらいさん　そうなんですね。仕事から早く帰れるだけでできることっていっぱいありますもんね。保育所以外でどんな支援があるのか、私ももっと知りたくなりました。

みずよ先生　いいわね！　それでは、現在の子育て支援施策と子育て支援サービスについて学んでいきましょう！

子育て家庭を支える法・制度

　子育て家庭を支えるために、どのような取り組み、法律・制度があるのか。また、そのなかで、市町村・都道府県・国はどのような役割を担っているのかをみていきたい。

① 子育て家庭を支えるこれまでの取り組み

▼少子化対策としての支援

　日本の子育て支援施策は、1994（平成6）年の「エンゼルプラン」以降、切れ目なく打ち出されている。こうした子育て支援は、1990（同2）年の1.57ショック（当時、合計特殊出生率が統計史上最低だったこと）を契機に、少子化対策という意味ではじまった（「エンゼルプラン」「新エンゼルプラン」の時代）。しかしながら、出生数の減少はとどまらず、一方、保育所の待機児童問題等も社会問題化した。このようなことから、保育所以外の他の資源を制度化する必要性につながり、認定こども園制度の改正や子ども・子育て新制度の構築などが進められることとなった。

▼社会全体で支える子育て支援へ

　次世代育成支援対策推進法が制定された2003（平成15）年以降は、子育ては"私的なもの（個人・家族）"ではなく、"社会全体で支えていくもの"へと理念が変化し、少子化対策から次世代育成支援施策へと意味合いが変化していった。「新しい少子化対策について」（2006年）、「『子どもと家族を応援する日本』重点戦略」[*1]（2007年）、「仕事と生活の調和（ワークライフバランス）憲章」（2007年）等のなかで、ワークライフバランスや子育てを支える社会基盤の整備等、働き方を含めた社会のあり方へも言及がされるようになったことからもわかる。

　さらに、2010（平成22）年に策定された「子ども・子育てビジョン」では、よりはっきりと「家族や親が子育てを担う〈個人に過重な負担〉の育児」から、「社会全体で子育てを支える〈個人の希望の実現〉としての育児」へと転換し、子どもと子育てを応援する社会をめざすことが述べられており、経済的活動も含め、結婚や出産、子育てを支えていく社会全体での取り組みの必要性が認識されていった。こうした理念の変化とともに、子育て支援施策も、"社会全体で子育てを支える"ためのものに変化し、「子ども・子育て支援法」等（2012年）に基づく「子ども・子育て支援新制度」の本格施行（2015

＊1　「子どもと家族を応援する日本」重点戦略
わが国の経済社会の持続的な発展を図るには、就労と出産・子育ての二者択一構造の解消という点に戦略的な対応が必要との認識から、「働き方の見直しによる仕事と生活の調和（ワークライフバランス）の実現」、およびその社会的基盤となる「包括的な次世代育成支援の枠組みの構築」について重点的に検討を行い取り組むものである。

図3－1　子育て支援に関するこれまでの取り組み

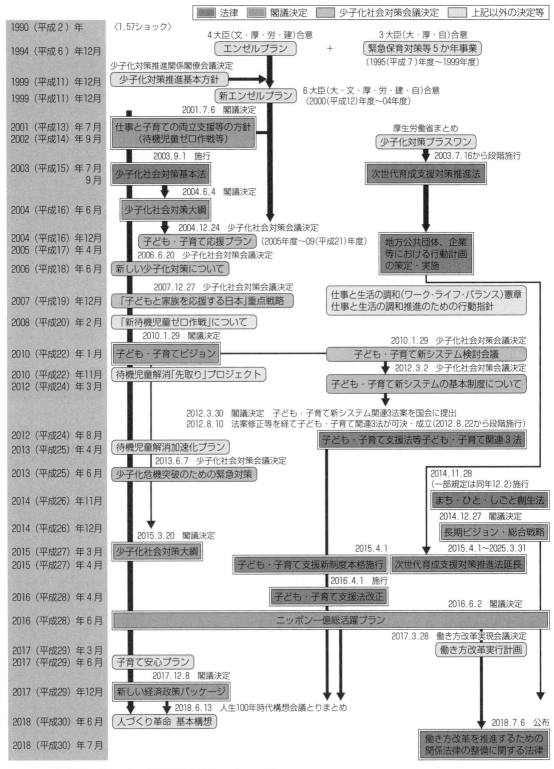

出典：内閣府「令和元年版　少子化社会対策白書」2019年　p.65

＊２　ニッポン一億総
活躍プラン
子育て支援・介護の基
盤を強化することで、
経済も強くするという
新たな社会経済システ
ムをつくることをめざ
し、2016（平成28）年
から2025（令和８）年
までの10年間のロード
マップが示された。

＊３　子ども・子育て
関連３法
「子ども・子育て支援
法」「就学前の子ども
に関する教育、保育等
の総合的な提供の推進
に関する法律の一部を
改正する法律」「子ど
も・子育て支援法及び
就学前の子どもに関す
る教育、保育等の総合
的な提供の推進に関す
る法律の一部を改正す
る法律の施行に伴う関
係法律の整備等に関す
る法律」の３法。

年）や「ニッポン一億総活躍プラン」（2016年）＊２の閣議決定へとつながっ
ていった。

② 子育て家庭への支援体系（国・都道府県・市町村の役割）

▼子ども・子育て支援新制度の概要

　子ども・子育て関連３法＊３に基づき、2015（平成27）年４月に子ども・子育て支援新制度が本格施行された。この制度では、①必要とするすべての家庭が利用できる支援をめざし、教育・保育や子育て支援の選択肢を増やす等の子育て支援の「量の拡充」とともに、②子どもたちがより豊かに育っていける支援をめざし、幼稚園や保育園、認定こども園の職員配置を改善し、子どもへより目が行き届きやすいようにしたり、質の高い人材を確保できるよう職員の処遇改善を行う等、子育て支援の「質の向上」もめざしている。さらに、③働きながら子育てしやすいように環境を整え、離職の防止や就労継続等、「仕事と子育ての両立にむけた支援」事業も行っていく。

図３－２　子ども・子育て支援新制度の概要

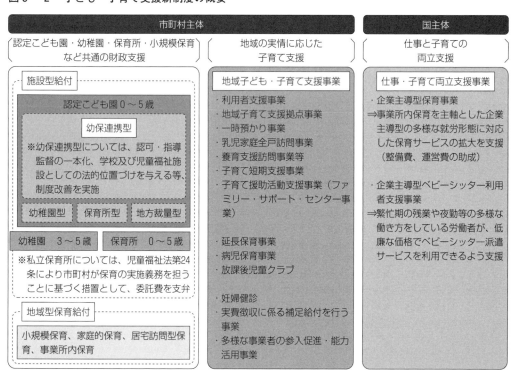

出典：内閣府子ども・子育て本部「みんなが子育てしやすい国へ。すくすくジャパン！　子ども・子育て支援新制度について」2019年　p.6

46

▼子ども・子育て支援新制度における国、都道府県、市町村の役割

①国の役割

　仕事と子育ての両立のため、国は、①従業員の多様な働き方に応じた保育を提供する企業等を支援する企業主導型保育事業への事業主拠出金を財源とした支援、②企業主導型ベビーシッター利用支援として多様な働き方をしている労働者がベビーシッター派遣サービスを利用した場合に、その利用料金の一部または全部を助成する等の支援を行う。

　あわせて、内閣総理大臣は、子ども・子育て支援法に基づく基本指針＊4 を示すことになっている。

②都道府県の役割

　国・都道府県は実施主体の市町村を重層的に支える。都道府県は、子ども・子育て支援法第60〜64条に基づき、内閣総理大臣が定めた基本指針に即して、「都道府県子ども・子育て支援事業支援計画」＊5 を作成する。

③市町村の役割

　市町村は、内閣総理大臣が定めた基本指針に即して、「市町村子ども・子育て支援事業計画」＊6 を立案するとともに、新制度の実施主体として、子ども・子育て家庭の状況および需要にあわせて子どものための教育・保育給付、地域子ども・子育て支援事業を計画的に整備していく。

③　子育て家庭への支援に関連する主な法律

▼子育て家庭への支援に関連する主な法律とその内容

　さまざまな子育て支援サービスは、児童福祉法だけではなく、児童扶養手当法等経済的支援に関する法律、母子保健や貧困、育児休業に関する法律など子どもを育てる保護者への支援をも含めた法律のなかで実施されている。

　子育て家庭への支援に関する主な法律とその内容は、表3−1のとおりである。

2　子育て家庭を支える社会資源

　子育てをしている家庭が抱える課題は多様であると同時に、子育て支援サービスも多様である。適切な支援をしていくためにも保育所および保育者は、こうした多様な社会資源＊7 が地域にどのくらいあり、何をしているのか把握し、それぞれの役割や専門性を理解しておく必要がある。

＊4　基本指針
子ども・子育て支援法第60条に基づき作成される。その内容は主に、①子ども子育て支援の意義、②地方自治体の事業計画の作成指針、③制度に関する基本的事項の提示、④関連施策との連携（ワークライフバランスや児童相談所等専門機関との連携等）である。

＊5
都道府県は、実施主体である市町村を支援するため、市町村計画（「量の見込み」「確保策」）の積み上げを基本に、広域調整を勘案して計画を策定する。

＊6
新制度の実施主体として、全市町村で作成する。子ども・子育て家庭の状況および需要の調査・把握（現在の利用状況＋利用希望）を行い、「子どものための教育・保育給付」「地域子ども・子育て支援事業」の両面から計画的な整備を行えるよう幼児期の学校教育・保育・地域の子育て支援について、市町村が定める区域ごとに、5年間の計画期間における「量の見込み」「確保の内容」「実施時期」を必須記載事項とした受給計画書である。

＊7
日々の暮らしを支え、社会的ニーズを充足させるために活用できる制度やモノ・人や人が提供するサービスなどの諸要素と関連する情報の総称。

表3−1　子育て家庭への支援に関連する主な法律とその内容

法律名	成立年	主な内容
児童福祉法	1947年	児童福祉の理念等原理、児童の定義等対象について、および実施機関、福祉の保障や措置、児童福祉の施設と事業、その他費用や罰則等について定めている。
児童扶養手当法	1961年	父または母と生計を同じくしていない児童を育てる家庭への経済的支援を行うための法律。対象、支給要件、手当額等について定めている。
特別児童扶養手当等の支給に関する法律	1964年	障害のある子どもへの経済的支援を行うための法律。対象、支給要件、手当額等について定めている。
母子及び父子並びに寡婦福祉法	1964年	母子家庭、父子家庭および寡婦に対する必要な措置について定めている。基本理念、国および地方公共団体の責務、関係機関の責務とともに、福祉の措置（資金の貸付、相談援助等、保育所入所に対する配慮など）、母子・父子福祉センターや母子・父子休養ホーム等について定めている。
母子保健法	1965年	母子保健に関する原理、母性並びに乳児および幼児に対する保健指導、健康診査、医療その他の措置等について定めている。
児童手当法	1971年	児童を養育している者に手当を支給することを定めた法律。受給者の責務、支給要件、手当額等について定めている。
育児休業、介護休業等育児又は家族介護を行う労働者の福祉に関する法律（育児・介護休業法）※	1991年	1991年に「育児休業等に関する法律」として成立し、1995年現在の法律名に改題。2017年10月の最新の改正では、①保育所に入れない場合等は2歳まで育児休業取得可能、②事業主は、子どもが生まれる予定の労働者および配偶者に対して育児休業等の制度などを知らせる等の措置を講じる努力をする、③事業主は、育児休暇目的の導入の促進に努めることなどを定めた。
次世代育成支援対策推進法	2003年	次世代育成支援対策を迅速かつ重点的に推進するための法律。基本理念、国および地方公共団体・事業主・国民の責務、行動計画等について定めている。2005年から10年間の時限立法であったが、2015年からさらに10年間延長された。
少子化社会対策基本法	2003年	少子化に的確に対処するための施策を総合的に推進するための法律。施策の基本理念、国・地方公共団体・事業主・国民のそれぞれの責務、基本的施策（雇用環境、保育サービス等の充実地域社会における子育て支援体制の整備、母子保健器量体制の充実、ゆとりある教育の推進、生活環境の整備、経済的負担の軽減、教育および啓発）等について定めている。
子ども・若者育成支援推進法	2009年	総合的な子ども・若者育成支援のための施策を推進するための法律。基本理念、国・地方公共団体の責務とともに子ども・若者育成施策等について定めている。
子ども・子育て支援法	2012年	1人ひとりの子どもが健やかに成長することのできる社会の実現に向けての支援施策を記した法律。基本理念、市町村等・事業主・国民の責務とともに、子ども・子育て支援給付について等が定められている。主なポイントは以下の8つである。 ①認定こども園、幼稚園、保育所を通じた共通の給付（「施設型給付」）および小規模保育等への給付（「地域型保育給付」）の創設 ②認定こども園制度の改善（幼保連携型認定こども園の改善等） ③地域の実情に応じた子ども・子育て支援（利用者支援、地域子育て支援拠点、放課後児童クラブなどの「地域子ども・子育て支援事業」）の充実 ④市町村が実施主体 ⑤社会全体による費用負担 　＊消費税率の引き上げによる、国および地方の恒久財源の確保を前提としている ⑥制度ごとにバラバラな政府の推進体制を整備する（内閣府に子ども・子育て本部を設置） ⑦子ども・子育て会議の設置 ⑧2015年4月に本格施行
子どもの貧困対策の推進に関する法律	2013年	子どもの貧困対策を総合的に推進するための法律。基本理念、国・地方公とも団体・国民の責務とともに教育・生活・保護者・経済的な基本的施策、子どもの貧困対策会議の設置等について定めている。

※：厚生労働省「平成30年度雇用均等基本調査（速報版）」（2019年）によれば、同年度の男女別の育児休業取得率は、女性82.2%（前年度比−1.0%）、男性6.16%（前年度比＋1.02%）であった。

　また、社会資源には、フォーマル（公的）な社会資源と、インフォーマル（非公的）な社会資源がある。ここでは、フォーマルな社会資源を主に解説するが、もちろん、フォーマルな社会資源だけでは子育てをしている家庭のすべてのニーズを充足することはできない。家族や友人、近隣関係とのつながり、ボランティア等インフォーマルな社会資源も含めて、ネットワークを構築し、子育て家庭を支援していく必要がある。

①　子育て家庭を支える社会資源

　核家族化の進行や地域社会のつながりの弱さなどから、家族や親戚、近隣地域による子育て支援のサポートが受けづらい状況がある。そうしたなかで、行政機関が提供する子育て支援サービスをはじめ、民間機関やボランティア等が行う子育て支援サービス等の社会資源の活用が必要になっている。

表 3 － 2　子育て家庭を支える地域の主な社会資源とその役割

社会資源	役割
児童委員 主任児童委員	【児童委員】地域に住む児童や妊産婦の生活環境の把握や必要な援助の情報提供等、地域住民の見守りや必要な支援を行っている。 【主任児童委員】児童福祉に関する事項を専門的に担当し、児童委員の活動に対する援助および協力したり、専門機関との連絡調整などを必要に応じて行っている。 ＊どちらも厚生労働大臣から委嘱を受けている、非常勤特別職の地方公務員であるが無報酬である。
地域子育て支援センター	地域全体で子育てを支援するため以下の活動を行っている。 ①子育て家庭等に対する育児不安等についての相談指導 ②子育てサークル等への支援 ③地域の保育需要に応じた特別保育事業等の積極的な実施・普及促進およびベビーシッターなどの地域の保育資源の情報提供等 ④家庭的保育を行う者への支援等地域の子育て家庭に対する育児支援
保健所・市町村保健センター	【保健所】地域保健法に基づき都道府県、政令指定都市、中核市、施行時特例市、その他指定された市（保健所設置市）、特別区が設置する。主な業務は以下の通りである。 ①低出生体重児に対する訪問指導 ②身体障害児などに対する療育指導等 【市町村保健センター】各市町村が設置することができる。主な業務は以下の通りである。 ①正しい衛生知識の普及等の指導 ②健康相談・健康診査・保健指導 ③児童福祉施設に対する栄養改善や衛生に関する助言等
子育て世代包括支援センター	「ニッポン一億総活躍プラン」等に基づき、地域の実情等を踏まえながら、設置されている。センターの役割および業務内容については「子育て世代包括支援センター業務ガイドライン」（厚生労働省）に示されおり、主な役割としては、妊産婦・乳幼児等の状況を継続的・包括的に把握し、妊産婦や保護者の相談に保健師等の専門家が対応するとともに、必要な支援の調整や関係機関と連絡調整するなどして、妊産婦や乳幼児等に対して切れ目のない支援を提供することである。

②　保育等に関するサービス

　主に乳幼児に対する保育サービスについて、表 3 － 3 に示す。こうした保育サービスは、子どもの発達保障だけでなく、保護者の就労支援といった視点からも重要な子育て支援の社会資源である。

表 3 - 3　主な保育等に関するサービスとその内容

保育所	「保育を必要とする乳児・幼児を日々保護者の下から通わせて保育を行うことを目的とする施設」（児童福祉法第39条）である。保育所の利用は、選択利用制度となっている。「児童福祉施設の設備及び運営に関する基準」により以下のように示されている。 **【設備】** ・乳児または満2歳に満たない幼児を入所させる保育所には、乳児室またはほふく室、医務室、調理室および便所を設けること。 ・満2歳以上の幼児を入所させる保育所には、保育室または遊戯室、屋外遊戯場（保育所の付近にある屋外遊戯場に代わるべき場所を含む）、調理室および便所を設けること、等。 **【職員】** ・保育士、嘱託医及び調理員を置かなければならない（調理業務の全部を委託する施設にあっては、調理員を置かないことができる）。 ・保育士の数は、乳児おおむね3人につき1人以上、満1歳以上満3歳に満たない幼児おおむね6人につき1人以上、満3歳以上満4歳に満たない幼児おおむね20人につき1人以上、満4歳以上の幼児おおむね30人につき1人以上とする。ただし、保育所一につき2人を下ることはできない。 **【保育時間】** ・1日につき8時間を原則とし、その地方における乳幼児の保護者の労働時間その他家庭の状況等を考慮して、保育所の長がこれを定める。	児童福祉法第24条には、〈保育の利用〉に関する市町村の役割が規定されている。 ・保育を必要とする子どもにこれらの保育を提供すること。 ・保育の需要に合うように利用の調整を行うこと。
認定こども園	教育・保育を一体的に行う施設である。①就学前の子供に幼児教育・保育を提供する機能、②地域における子育て支援を行う機能を備え、認定基準を満たす施設は、都道府県等から認定を受けることができる。機能、認可の種類により、「幼保連携型認定こども園」「幼稚園型認定こども園」「保育所型認定こども園」「地方裁量型認定こども園」の4種類がある。 **【職員資格】** **幼保連携型認定こども園** ・保育教諭を配置。保育教諭は幼稚園教諭の免許状と保育士資格を併有する必要がある（一定の経過措置期間あり）。 **幼稚園型認定こども園・保育所型認定こども園・地方裁量型認定こども園** ・満3歳以上：幼稚園教諭の免許状と保育士資格の併有が望ましい。 ・満3歳未満：保育士資格が必要。 **【教育・保育内容】** ・幼保連携型認定こども園教育・保育要領を踏まえて教育・保育を実施（幼稚園連携型は幼稚園教育要領、保育所型は保育所保育指針に基づくことが前提） ・小学校における教育との円滑な接続。 ・認定こども園として特に配慮すべき事項を考慮。	
地域型保育事業	2015（平成27）年度からスタートした子ども・子育て支援新制度の「地域型保育給付」の対象で、保育所・幼稚園・認定こども園の他に0〜2歳児の保育の受け皿として展開される、家庭的保育事業、小規模保育事業、居宅訪問型保育事業、事業所内保育事業のこと。公的給付の対象になっている。 **家庭的保育事業** 2010（平成22）年より児童福祉法に位置づけられた保育事業。保育士等の資格をもった家庭的保育者（家庭保育福祉員）が保育者の居宅等で行う小規模（定員3〜5名程度）の異年齢の保育事業。 **小規模保育事業（A型）** 保育所の分園や小規模の保育所に近い形で行われる保育事業。 **小規模保育事業（B型）** A型とC型の中間の形で行われる保育事業。 **小規模保育事業（C型）** 家庭的保育に近い形で行われる保育事業。 **居宅訪問型保育事業** 利用する子どもの自宅で1対1の保育を行う事業。 **事業所内保育事業** 事業所の従業員の子どもに加えて、地域の保育を必要とする子どもに保育を提供する事業。	

③　地域子ども・子育て支援

▼地域子ども・子育て支援事業

　地域子ども・子育て支援事業とは、2012（平成24）年に成立した子ども・子育て関連3法に基づき施行された「子ども・子育て支援新制度」（2015年から本格施行）のなかの事業である。従来あった各種の子育て支援事業を一括し、地域の実情に応じた子育て支援を市町村が実施するものである。地域子ども・子育て支援事業の内容を表3-4に示す。

④　母子保健（健康支援）

　日本の母子保健施策は、母子保健法や児童福祉法等に基づき、母子保健施策と乳幼児に対する保健施策とを一貫した体系で進めている。他国と比較し、乳児死亡率（生後1年未満の死亡率）、新生児死亡率（生後28日未満の死亡率）、周産期死亡率（出生および妊娠満22週以後の死産に割合）、妊婦死亡率も低く、母子保健のレベルは高い。

▼母子保健サービスの実際

　母子保健の対象は、胎児・新生児・乳幼児・学童期・思春期の子ども、妊娠中・出産後・育児中・更年期等の女性などの広範囲となっている。

　また、保健所、市町村保健センター、母子保健センター、子ども病院や小児医療センター等の乳幼児の総合的医療施設、一般病院・診療所等、さまざまな機関で実施される（サービスの種類については図3-3：p.53参照）。

⑤　経済的支援

▼児童手当

　「児童手当法」に基づき、中学校卒業まで（15歳の誕生日後の最初の3月31日まで）の児童を養育している者に支給される。

▼児童扶養手当

　「児童扶養手当法」に基づき、父母が婚姻を解消（事実婚の解消含む）した後、父または母と生計を同じくしていない等ひとり親家庭で養育されている児童（18歳になって最初の3月31日（年度末）までの間にある）に支給される。「児童扶養手当法」改正に基づき、支払回数が4か月分ずつ年3回だったものが、2019（令和元）年11月からは2か月分ずつ年6回に変更される。

表3-4　地域子ども・子育て支援事業の概要

事業名	主な事業内容
利用者支援事業	子どもおよびその保護者等、または妊産婦が、教育・保育施設や地域の子育て支援事業等を円滑に利用できるようサポートする以下の2つの事業のことをいう。 ①利用者支援：子育て家庭の個別ニーズを把握し、教育・保育施設および地域子育て支援事業等の利用に当たっての情報集約・提供、相談、利用支援・援助を行う。 ②地域連携：子育て支援などの関係機関との連絡調整、連携・協働の体制づくりを行い、地域の子育て資源の育成、地域課題の発見・とも有、地域で必要な社会資源の開発等を行う。 利用者支援事業の実施形態は以下の3つである。 ①基本型：主に行政窓口以外で、親子が継続的に利用できる施設を活用し、「利用者支援」「地域連携」を行う。 ②特定型：主に行政機関の窓口を活用し、「利用者支援」を行う。 ③母子保健型：主に保健所・保健センター等を活用し、保健師等の専門職が全ての妊産婦等を対象に「利用者支援」と「地域連携」をともに実施する。
地域子育て支援拠点事業	公共施設や保育所、児童館等の地域の身近な場所で、乳幼児のいる子育て中の親子が気軽に交流しつつ、相互交流や子育ての不安・悩みを相談できる場を提供したり、情報提供を行う事業。 実施形態としては、以下の2つである。 ①一般型：保育所、公共施設空きスペース、商店街空き店舗、民家、マンション・アパートの一室等を活用し、常設の地域の子育て拠点を設け、地域の子育て支援機能の充実を図る取組を実施する。 ②連携型：児童福祉施設等多様な子育て支援に関する施設に親子が集う場を設け、子育て支援のための取組を実施する。
妊婦健康診査	妊婦に対する健康診査として、①健康状態の把握、②検査計測、③保健指導を実施したり、妊娠期間中の適時に応じた医学的検査を実施する事業のこと。
乳児家庭全戸訪問事業 （こんにちは赤ちゃん事業）	生後4か月までの乳児のいるすべての家庭を保健師・助産師・看護師、保育士、愛育班員、母子保健推進員、児童委員、子育て経験者等が訪問し、子育て支援に関する情報提供や養育環境等の把握を行う事業。
養育支援訪問事業 子どもを守る地域ネットワーク機能強化事業（その他要支援児童、要保護児童等の支援に資する事業）	各種事業を相互に関連させながら、児童虐待の発生予防と早期発見・早期対応のための連携を図っていく事業。 ①養育支援訪問事業：養育支援が特に必要な家庭に対して、保健師・助産師・看護師、保育士等がその居宅を訪問し、養育に関する指導・助言等を行うことにより、当該家庭の適切な養育の実施を確保する事業（市町村が実施主体、民間主体への委託が可能）。 ②子どもを守る地域ネットワーク機能強化事業：要保護児童対策協議会※（子どもを守る地域ネットワーク）の機能強化を図るため、調整機関職員や関係機関の専門性強化と、関係機関間の連携強化を図るための事業。具体的には、「乳児家庭全戸訪問事業（こんにちは赤ちゃん事業）」等を通して特に必要となった場合にこの事業につながったり、調整機関（養育支援訪問事業中核機関）として「養育支援訪問事業」の進行管理を行っている。
子育て短期支援事業	ひとり親家庭等が安心して仕事と子育てを両立できる環境を整備するため、市町村が一定の事由により児童の養育が一時的に困難となった場合に児童を、児童養護施設、母子生活支援施設、乳児院、保育所、ファミリーホーム等で預かる事業のこと。 ①短期入所生活援助（ショートステイ）事業：保護者が、疾病・疲労など身体上・精神上・環境上の理由により児童の養育が困難となった場合等に、児童養護施設など保護を適切に行うことができる施設において養育・保護を行う（原則として7日以内）。 ②夜間養護等（トワイライトステイ）事業：保護者が、仕事その他の理由により、平日の夜間または休日に不在となり児童の養育が困難となった場合等の緊急の場合に、児童養護施設など保護を適切に行うことができる施設において児童を預かるもの。宿泊可。
ファミリー・サポート・センター事業（子育て援助活動支援事業）	児童の預かり等の援助を受けることを希望する者（依頼会員）と、援助を行うことを希望する者（提供会員）との相互援助活動に関する連絡・調整を実施するもの（相互援助活動の例：子どもの預かり、送迎など）。
一時預かり事業	家庭において保育を受けることが一時的に困難となった乳児または幼児について、主として昼間に、認定こども園、幼稚園、保育所、地域子育て支援拠点その他の場所において、一時的に預かる事業。
延長保育事業	保育認定を受けた子どもについて、通常の利用日および利用時間以外の日および時間(11時間の開所時間を超えて)において、認定こども園、保育所等で保育を実施する事業。
病児保育事業	地域の児童が発熱等の急な病気となった場合、病院・保育所等に付設された専用スペース等において看護師等が一時的に保育する事業、および保育中に体調不良となった児童を保育所の医務室等において看護師等が緊急的な対応等を行う事業。
放課後児童クラブ（放課後児童健全育成事業）	保護者が仕事等により昼間家庭にいない小学校に就学している児童に対し、授業の終了後に小学校の余裕教室、児童館、公民館等を利用して適切な遊びおよび生活の場を与えて、その健全な育成を図る事業。
実費徴収に係る補足給付を行う事業	保護者の世帯所得の状況等を勘案して、特定教育・保育施設等に対して保護者が支払うべき日用品、文房具その他の教育・保育に必要な物品の購入に要する費用または行事への参加に要する費用等を助成する事業。
多様な事業者の参入促進・能力活用事業	多様な事業者の新規参入への支援や特別な支援が必要な子どもを受け入れる認定こども園の設置者に対して、必要な費用の一部を補助する事業。

※：要保護児童等に関し、関係者間で情報交換と支援の協議を行う機関として地方公共団体が児童福祉法第25条の2に基づき設置・運営している。

図 3 － 3　母子保健サービスの種類と体系

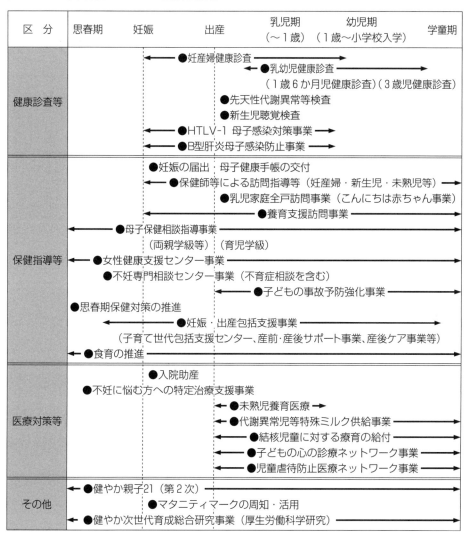

出典：厚生労働省『平成30年度版 厚生労働白書』資料編　p.189

表 3 － 5　児童手当支給額（月額）：2019年

児童の年齢	児童手当の額（一人あたり月額）
3 歳未満	一律15,000円
3 歳以上小学校修了前	10,000円（第 3 子以降は15,000円）
中学生	一律10,000円

注：児童を養育している者の所得が所得制限限度額以上の場合は、特例給付とし
　　て月額一律5,000円を支給。
出典：内閣府ウェブサイト「児童手当制度のご案内」
　　　https://www8.cao.go.jp/shoushi/jidouteate/annai.html

表3－6　児童扶養手当支給額（月額）：2019年4月より適用

	全部支給	一部支給
1人	42,910円	42,900円～10,120円
2人目加算額	10,140円	10,130円～5,070円
3人目以降加算額（1人につき）	6,080円	6,070円～3,040円

注：児童扶養手当は、前年の所得に応じて、手当の全額を支給する「全部支給」と、一部の
　　みを支給する「一部支給」がある。
出典：厚生労働省子ども家庭局家庭福祉課「ひとり親家庭等の支援について」2019年　p.67
　　　を参考に作成
　　　https://www.mhlw.go.jp/content/000522199.pdf

表3－7　特別児童扶養手当支給額（月額）：2019年4月より適用

障害程度	支給額
1級 　重度：身体障害者手帳1～2級、療育手帳A判定程度	52,200円
2級 　中度：身体障害者手帳3級、4級の一部、療育手帳B判定	34,770円

注：受給者もしくはその配偶者又は扶養義務者の前年の所得が一定の額以上である
　　ときは、手当は支給されない。
出典：厚生労働省「特別児童扶養手当について」を参考に作成
　　　https://www.mhlw.go.jp/bunya/shougaihoken/jidou/huyou.html

表3－8　児童手当・児童扶養手当・特別児童扶養手当申請から支給までの概要
○児童手当

申請	
申請先	住所地の市区町村窓口（郵送可）
必要書類等	・児童手当認定請求書 ・申請者（児童を養育する者）名義の振込口座のわかるもの（預金通帳等） ・申請者本人の健康保険被保険者証のコピーまたは年金加入証明書 ・申請者の身元確認書類（運転免許証、マイナンバーカード等） ・印鑑（認印可）　等

支給
受給資格が認定されると、認定通知書を送付し、申請日の翌月分から手当が支給される。 〈支給時期〉 原則として毎年2月、6月、10月にそれぞれの前月分までが支給 ※年に1回（6月）、現況届を提出する必要がある。

○児童扶養手当

申請	
申請先	住所地の市区町村窓口（郵送不可）
必要書類等	・児童扶養手当認定請求書 ・戸籍謄本（申請者および対象児童のもの） ・所得証明書 ・年金手帳、公的年金等の受給状況がわかるもの ・申請者（児童を養育する者）名義の振込口座のわかるもの（預金通帳等） ・申請者の身元確認書類（運転免許証、マイナンバーカード等） ・印鑑（認印可）　等

支給
受給資格が認定されると、認定通知書を送付し、申請日の翌月分から手当が支給される。 〈支給時期〉 原則として毎年1月、3月、5月、7月、9月、11月にそれぞれの前月分までが支給 ※年に1回（8月）、現況届を提出する必要がある。

○特別児童扶養手当

申請		支給
申請先	住所地の市区町村窓口（郵送不可）	受給資格が認定されると、認定通知書を送付し、申請日の翌月分から手当が支給される。〈支給時期〉原則として毎年４月、８月、12月にそれぞれの前月分までが支給 ※年に１回（８月）、現況届を提出する必要がある。
必要書類等	・特別児童扶養手当認定請求書 ・戸籍謄本（申請者および対象児童のもの） ・児童の障害の程度についての診断書（身体障害者手帳・療育手帳で代替が可能な場合もあり） ・申請者（児童を養育する者）名義の振込口座のわかるもの（預金通帳等） ・申請者の身元確認書類（運転免許証、マイナンバーカード等） ・印鑑（認印可）　等	

注：上記は概要であり、自治体により必要書類、支給時期等の詳細は異なるため、実際の申請にあたっては各自治体にて確認が必要である。
出典：岐阜市ウェブサイト「手当等の詳細一覧」(https://www.city.gifu.lg.jp/13064.htm) 等を参考に作成

▼特別児童扶養手当

　「特別児童扶養手当等の支給に関する法律」に基づき、20歳未満で精神や身体に障がいのある児童を家庭で監護、養育している父母等に支給される。

▼その他

　前述の他にも、母子家庭等を対象にした「母子父子寡婦福祉資金」の貸付など貧困リスクの高い家庭への現金給付や貸付がある。

　また、子育て家庭ではないが、不妊治療に関しては、「不妊に悩む方への特定治療支援事業」として、不妊治療の経済的負担の軽減を図るため、高額な医療費がかかる配偶者間の不妊治療に要する費用の一部を助成する制度がある。

⑥　障がいのある子どもと家族に対しての支援施策

　現在、障がいのある子どもに対する支援サービスは主に、「障害者の日常生活及び社会生活を総合的に支援するための法律」（以下「障害者総合支援法」）、および児童福祉法に基づいて提供されている

▼障害者総合支援法に基づく支援サービス

　障害者総合支援法は、「地域社会における共生の実現に向けて、障害福祉サービスの充実等障害者の日常生活及び社会生活を総合的に支援するため、新たな障害保健福祉施策を講ずる」ことを趣旨として、障害者自立支援法を改正する形で創設された。障害者総合支援法に基づく支援は、大きく「自立支援給付」と「地域生活支援事業」（各地域の実情に応じてサービスが柔軟に提供されるもの）に分類される。自立支援給付は、障害者が自立した日常

図3-4　障害者総合支援法によるサービス

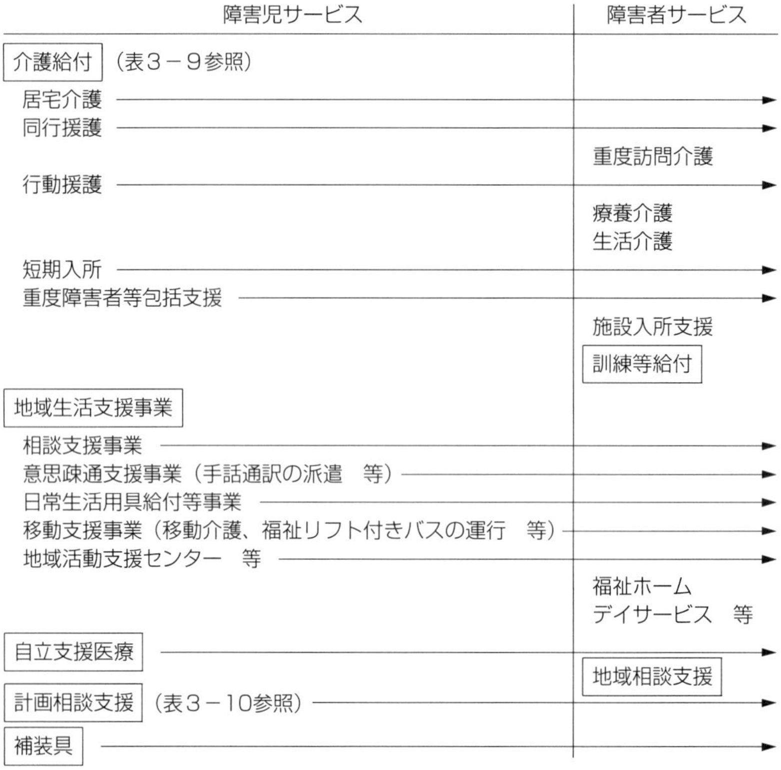

	障害児サービス	障害者サービス
介護給付 （表3-9参照）		
居宅介護	→	
同行援護	→	
		重度訪問介護
行動援護	→	
		療養介護 生活介護
短期入所	→	
重度障害者等包括支援	→	
		施設入所支援
		訓練等給付
地域生活支援事業		
相談支援事業	→	
意思疎通支援事業（手話通訳の派遣　等）	→	
日常生活用具給付等事業	→	
移動支援事業（移動介護、福祉リフト付きバスの運行　等）	→	
地域活動支援センター　等	→	
		福祉ホーム デイサービス　等
自立支援医療	→	
		地域相談支援
計画相談支援 （表3-10参照）	→	
補装具		

注：15歳以上の障害児であって児童相談所からサービスを利用することが適当との意見が
　　あった場合には、介護給付のうち障害者サービスに分類されているもの、および訓練
　　等給付についても、市町村から支給決定を受けて利用することが可能。
出典：波田埜英治・辰己隆編『新版 保育士をめざす人の子ども家庭福祉』みらい　2019
　　　年　p.131を一部改変

表3-9　「障害児」が対象となる介護給付

支援の種類	内容
居宅介護	自宅での入浴、排せつ、食事の介護等。
同行援護	視覚障害により、移動に著しい困難を有する人に、移動に必要な情報の提供（代筆・代読を含む）や移動の援護等の外出支援。
行動援護	自己判断能力が制限されている人が行動するときに、危険を回避するために必要な支援や外出支援。
重度障害者等包括支援	介護の必要性がとても高い人に、居宅介護等複数のサービスを包括的に行う。
短期入所（ショートステイ）	自宅で介護する人が病気の場合などに、短期間、夜間も含め施設で、入浴、排せつ、食事の介護等を行う。

出典：全国社会福祉協議会「障害者福祉サービスの利用について（2018年4月版）」より作成

生活を送ることができるよう個別に給付されるものであり、介護給付、訓練
等給付、地域相談支援、および自立支援医療費や補装具費の支給などがある。
このうち、「障害児」が対象となるサービスについては、図3-4、表3-
9を参照してほしい。

▼児童福祉法に基づく支援サービス

　2012（平成24）年の児童福祉法改正にともない、障がいのある子どもに対
する支援も障害種別で分かれていた体系（給付）が、通所・入所といった利
用形態の別により表3-10のように一元化された。

▼障がいのある子どもへの相談支援サービス

　障がいのある子どもが上記のような支援サービスを利用する際に、適切に
利用できるように支援するサービスであり、表3-11に示すものがある。

▼障がいの早期発見のための主な支援サービス

　障がいの早期発見に関するサービスとして表3-12に示すものがある。

▼障がいのある子どもへの支援

　この他にも医療機関や特別支援学校、児童発達支援センター等、地域には
さまざまな施設があり、その子どもの状況等に応じて利用することができる。
また、前述のように特別児童扶養手当等、経済的な支援もある。こうしたさ
まざまなサービスについて、保育者が保護者に情報を提供し、利用できるよ

表3-10　障害児支援施策
障害児通所支援【実施主体：市町村】

支援の種類	内容
児童発達支援	児童発達支援センター等での日常生活における基本的動作の指導や独立自活に必要な知識技能、集団生活への適応のための訓練を行うもの。
医療型児童発達支援	児童発達支援センター等での日常生活における基本的動作の指導や独立自活に必要な知識技能、集団生活への適応のための訓練および治療を行うもの。
放課後等 デイサービス	就学している障害のある子どもに放課後や休校日に児童発達支援センター等で生活能力向上のための訓練等を行うもの。
居宅訪問型児童発達支援	重度の障害等により外出が著しく困難な子どもの居宅を訪問して発達支援を行うもの。
保育所等訪問支援	保育所・乳児院・児童養護施設等施設に通う障害のある子どもに対し、その通う施設に障害児施設で障害児に対する指導経験のある児童指導員や保育士等が訪問し、集団生活に適応するための支援等を行うもの。

障害児入所支援【実施主体：都道府県】

支援の種類	内容
福祉型障害児入所施設	施設に入所している障害のある子どもに対して、保護や日常生活の指導、知識技能の指導を行う。
医療型障害児入所施設	施設または指定医療機関に入院している障害のある子どもに対して、保護や日常生活の指導、知識技能の指導、治療を行う。

うにすることも大切な支援である。さらに、保育所だけで障がいのある子どもや家庭を支援することには限界がある。地域のこうしたサービスとうまくつなげながらネットワークを構築することは、障がいのある子どもが適切な支援を受けるためにも重要なことである。

表3－11　障害児支援：相談支援サービス

支援の種類	内容
計画相談支援	**サービス利用支援**：障害のある子どもや大人が適切なサービス利用ができるようにサービス等利用計画を作成するもの **継続利用支援**：サービス等の利用状況等の検証（モニタリング）や事業者等との連絡調整、必要に応じて新たなサービスを利用することなどを勧奨する
障害児相談支援	障害児支援利用援助（利用計画の作成）および継続障害児支援利用援助を行う。

表3－12　障害児支援：早期発見のための支援サービス

支援の種類	内容
出生前診断	2013年4月から新型出生前診断が開始され、母体の血液検査で胎児の染色体異常等を調べることができるようになった。
乳幼児健康診査	母子保健法に基づく健診で、1歳6か月健診と3歳児健診が定められている。これ加え、ほとんどの市町村では3～4か月健診も実施している。最近は、発達障害のスクリーニングや家族思念、就学支援に向けた支援を考えていくため5歳児検診を行う自治体も増えてきた。
訪問指導	**妊産婦訪問指導**：市町村の助産師が必要に応じて行う **未熟児訪問指導**：助産師や保健師が行う新生児訪問指導、保健師・助産師・医師などが低体重児の家庭訪問 **乳児家庭全戸訪問事業（こんにちは赤ちゃん事業）**：育児の孤立化を防ぐために保健師・助産師・看護師等が4か月までの乳児の家庭を訪問

🔍 まとめてみよう

①子育て支援に関するプラン（計画）にはどのようなものがあるか、まとめてみよう。

②子育て家庭を支える社会資源のなかで、保育所等での保育以外にはどのようなサービスがあるかまとめてみよう。

③保育所に自宅から通っているBくん（5歳）は自閉症スペクトラムと診断されている。Bくんが利用できる支援にはどのようなものがあるか、考えてみよう。

【参考文献】

全国保育士養成協議会監　西郷泰之・宮島清編『ひと目でわかる保育者のための児童家
　庭福祉データブック2019』中央法規出版　2018年

上田衛編『学ぶ・わかる・みえる シリーズ保育と現代社会　保育と家庭支援』みらい
　2013年

内閣府「令和元年版　少子化社会対策白書」2019年

厚生労働省『平成30年度版　厚生労働白書』2019年

保育福祉小六法編集員会編『保育福祉小六法 2019年版』みらい　2019年

コラム

子育て家庭への間接的支援について

　"地域少子化対策重点推進（強化）交付金"というものをご存知だろうか。地域少子化対策重点推進交付金は、結婚・妊娠・出産・育児の「切れ目のない支援」のための、地域の実情に応じたニーズに対応する地域独自の先駆的な取り組みを行う地方自治体を支援することで、地域における少子化対策の推進に資することを目的とし、2013（平成25）年度より名称を変えながらも各都道府県・市町村に交付されている。この事業は、あくまで、子育て家庭を"まわりで支える環境づくり"に対する金銭的補助の取り組みであり、「子育て支援」を対象としているわけではないが、子育てに温かい社会づくりやそうした機運を醸成していくためには大切な支援であろう。ちなみに2017（同29）年度に関しては、前年度補正予算40.0億円、平成29年度当初予算5.7億円で採択・執行されている。

　なお、内閣府主導により「地域少子化対策重点推進（強化）交付金事業全体の定量的な効果検証」も行われている。「平成29年度の結婚、妊娠・出産、乳児期を中心とする子育てに温かい社会づくり・機運の醸成の取組実施状況」は表3－13のとおりである。

　婚活関連の取り組みが多いが、子育てに温かい社会づくり・機運醸成の取り組みなど、子育て家庭への間接的な支援もこの助成を使って行われている。

表3－13　平成29年度の結婚、妊娠・出産、乳児期を中心とする子育てに温かい社会づくり・機運の醸成の取組実施状況

(%)

		実施率・計	実施方法1[※1]	実施方法2[※1]	実施方法3[※1]
男性の配偶者の出産直後の休暇取得の促進に関する取組	都道府県[※2]	51.1	8.5	21.3	31.9
	市区町村[※2]	10.6	0.2	0.7	9.1
男性の家事・育児への参画促進に関する取組	都道府県	70.2	31.9	25.5	27.7
	市区町村	37.9	1.1	4.1	32.8
ライフデザイン教育（学生対象）	都道府県	66.0	44.7	12.8	21.3
	市区町村	12.8	2.3	1.3	9.9
ライフデザイン教育（成人対象）	都道府県	42.6	31.9	6.4	8.5
	市区町村	6.4	1.1	0.7	4.8
乳幼児とのふれあい体験	都道府県	38.3	23.4	2.1	17.0
	市区町村	34.5	2.4	2.6	29.8
結婚応援フォーラム	都道府県	42.6	36.2	－	8.5
	市区町村	2.5	0.4	0.1	1.0
結婚応援パスポート事業	都道府県	17.0	17.0	－	4.3
	市区町村	4.8	0.1	－	0.4
子育て支援パスポート事業	都道府県	100.0	34.0	－	78.7
	市区町村	32.0	0.2	0.1	4.9
講演会・セミナー等の講師の育成	都道府県	6.4	4.3	－	4.3
	市区町村	1.4	0.3	0.2	0.6
地域の課題の抽出・分析、見える化等の取組	都道府県	31.9	14.9	2.1	14.9
	市区町村	4.7	0.5	0.4	3.5
その他	都道府県	14.9	6.4	2.1	10.6
	市区町村	4.1	0.6	0.6	3.1

※1：実施方法1　地域少子化対策重点推進交付金で実施、実施方法2　実施方法1以外の補助金等で実施、実施方法3　自主財源で実施。
　2：都道府県　n＝47、市町村　n＝1,091。
出典：日本リサーチセンター「平成29 年度内閣府委託事業地域少子化対策強化事業の効果検証・分析と事例調査報告書」2018年　p.47一部抜粋

第4章 保育者に求められる基本的態度および基本的技術

📖 保護者の相談支援も保育者の重要な仕事

みらいさん この前保育所の前を通ったら、子どものお迎えに来たお母さんが保育所の先生に何か深刻な顔で相談しているところを見ました。こんな場面も「子ども家庭支援」の一つなのかな、と思いました。

みずよ先生 そうですね。お父さんやお母さんにストレスがあると、子どもを育てることに十分なエネルギーを注げなくなってしまいます。ですから、子どもたちのお父さんやお母さんを支えることも保育者の重要な仕事ですよ。他にも、子どもたちとかかわっている地域の人や病院の先生たちと協力することも保育者の仕事です。

みらいさん そうですか……。私は子どもが大好きで、保育には自信がありますが、自分より年上のお父さんやお母さんの相談を受けることや、ましてやよく知らない地域の人と協力することには自信がありません。

みずよ先生 みらいさんは友だちに自分の悩みを話してスッキリした経験はありませんか？ 結論が出なくても聞いてもらえて心がすっと軽くなるような。

みらいさん あります。確かに、何かアドバイスがなくても「大変だったね」という一言で解決したような気分になることも多いです。

みずよ先生 そうですね。そうやって話をじっくり"聴く"ことも相談にのっていることなのです。そして、本当にどうしていいかわからなければ、こんな風に、教えてくれそうな人にみらいさん自身が助言を求めればよいのです。それが協力するということですよ。

みらいさん それなら私にもできそうな気がしてきました！

みずよ先生 そうですね。ただし、相談を受ける人としてふさわしい態度や、相談活動に必要な技術があります。ここではそのポイントを学びましょう。

1 相談を受ける者の基本的態度

① 相談を受けるときの原則

▼相談したいと思える相手になる

　悩みを抱える保護者にとって、相談相手は誰でもよいというわけではない。この人なら自分の力になってくれる、親身に話を聴いてくれると思われる関係が基本となる。このような保護者と保育者との間につくられる信頼関係をラポールという。

　何かあったときに相談される保育者となるためには、毎日の送迎時や連絡帳でのコミュニケーションを通じて、日頃からラポールを形成する努力をしておかなければならない。保護者のなかには自分から保育者に声をかけられないという人もいる。普段から子どもの様子だけでなく、保護者の様子もよく観察し、普段と違うところがあれば積極的に声をかけ、悩みや気になることを話しやすいきっかけもつくるようにする。

▼対人援助の基本的態度

　表4-1に、相談を受ける者が心がけるべき基本的態度ともいえる原則を、バイスティックがまとめた7つの原則で紹介する。なお、これらの7つの原則は、個々に独立したものではなく、それぞれが深くかかわりあっている。

② 自分を知ることの大切さ

▼自己概念

　私たちはみな、「自分は○○だ」という自分自身のイメージをもっている。これを自己概念という。自己概念は自分で自分を評価し、判断した結果のイメージであり、実際の姿とは違うこともある。

　この自己概念によって普段の言動が左右されている。たとえば「私は子どもが好きだ」という自己概念があるため、保育者になろうと思えるのである。また、「私はピアノが苦手だ」という自己概念をもっている人は、一生懸命練習しようと思うのである。このように、私たちは自分のもっている自己概念にしたがって行動し、発言しているのである。

▼自己覚知

　自己覚知とは、「自分はこんな性格だ」「自分にはこんな特徴がある」と知ることである。つまり、自己概念を理解し、自分の価値観や物事のとらえ方

表４－１　保育者が心がけるべき基本的態度－バイスティックの７原則より－

７つの原則	概要
①個別化の原則	相談者が抱える問題は一人ひとり違う。また考え方や感じ方も一人ひとり違う。したがって「同じ問題は存在しない」のである。同じ「偏食」の相談であっても、嫌いなものを食べない悩みも、好きなものしか食べない悩みもあるし、どの程度心配しているかもそれぞれである。決して、同じ相談は存在しない。「この人は気にしすぎだから」や「よくある相談だから」と決めつけて話を聴いてはいけない。また、過去の経験を参考にすることは大切だが、以前のやり方を当てはめようとしてはいけない。相談者の個性や状況の違いを理解しながら相手に向き合わなくてはならない。
②意図的な感情表出	私たちは普段、楽しさや嬉しさなどのプラスの感情を表現することは共感されるが、悲しみ・怒り・憎しみ・妬みなどの感情を口にすると注意されるなど、これらのマイナスの感情を表現することは共感されにくい。意図的な感情表出とは、悩みの相談場面では、このようなマイナスの感情も大切にし、表現してもらうよう配慮するという考え方である。どのような感情であっても十分表現できるような言葉がけや雰囲気づくりに努めなくてはならない。心のなかにあるさまざまな感情を表現することで、相談者本人が自らの問題に気づき、解決につながる。
③統制された情緒的関与の原則	相談者の気持ちを理解し、親身になって話を聴くことは大切だが、保育者自身が相談者の感情に呑み込まれないようにしなければならない。相談者を正確に問題解決に導くため「保育者自身が相手の心を理解し、自らの感情を統制して接していくこと」が大切。境遇や性質が似ている相談者に対して、過度な肩入れをしてしまうことや、同じ渦のなかに入ってしまわないようにする。そのためにも、自分はどのような人を許せないかや、どういう場面で怒りを覚えやすいなど、自分の感情の特性や性格を自覚しておくことが必要。
④受容の原則	相談者の「あるがまま」を受け入れるということ。人の考え方や価値観はこれまでの経験や環境が影響しており、善悪の判断ができるものではない。「決して頭から否定せず、どうしてそういう考え方になるかを理解する」という考え方。したがって、相談者に命令したり、行動や感情の否定をしてはいけない。
⑤非審判的態度の原則	相談者の行動や思考に対して自分の価値観で善悪を判断したり、非難したりしないとする考え方。相手の言動を良い悪いで判断するのではなく、理解しようとする姿勢が大切。また、私たちは基本的に自分を否定する人を信用しないため、受容の観点からも非審判的態度は必要となる。
⑥自己決定の原則	「あくまでも自らの行動を決定するのは相談者自身である」とする考え方。したがって、相談に対して命令や指示をしてはいけない。相談者をずっと支援していけるわけではないため、問題を自己決定で解決できなくては、本当の意味での問題解決にはならないことが理由としてあげられる。
⑦秘密保持の原則	相談者の個人的情報・プライバシーは絶対に他人に漏らしてはならない。いわゆる「個人情報保護」の原則。相談を受けると、相談者の個人的な秘密や情報を聴くことになる。なかには話しにくいことを「先生には」と打ち明ける相談者もいる。それが他人に漏らされるようでは、信頼関係が壊れ、誰にも相談できなくなってしまう。プライバシーの保護は法律的にも守るべきであり、倫理的にも守秘義務がある。不用意に情報を漏らさないように普段から心がけておく必要がある。

についても理解することである。また、長所や短所も理解し、客観的に自分を分析することでもある。

　よく「○○な性格（短所）を直したい」という話を聞くが、自己覚知ができている人は短所を直したいとは言わない。自己覚知ができている人は、直

したいと思う性格とうまく付き合っていくことができ、そのような自分を受け入れて、自分の短所が原因で失敗することがないように気をつけることができる人といえる。

▼他者理解の場面で生かす

バイスティックの7原則のひとつ、「統制された情緒的関与の原則」にあるように、保護者の相談を受けるときには、保育者自身が保護者の感情に呑み込まれないように、自分の感情の特性や性格を自己覚知しなくてはならない。

たとえば、「親は子どもを無条件に愛さなくてはならない」という考え方の強い保育者が、「子どものいたずらがどうしても許せない」という相談を受けたらどのような反応を示すだろうか。その保護者の「心」を深く探ろうとせず、一方的に批判したり、指示したりするかもしれない。しかし、自己覚知ができている人は、「この相談を許せないのは自分であって、相手はいたずらを許せないことに困って相談している」と冷静に判断できるだろう。

③ 聴く態度

▼傾聴の態度

保護者の話を聴く場面では傾聴の姿勢が大切となる。傾聴とは、ただ話を聴くだけでなく、保護者の話に関心をもち、保護者の体験だけでなく、感じていることや考え方まで理解する聴き方である。傾聴の姿勢とは保護者を理解しようとする姿勢ともいえる。

保護者を理解する、つまり相手をわかろうとするときの「わかる」には次の3つがある。

①解る…相手について知識を得ること。全体を分解して解ること。

②判る…相手を判断する判り方。評価やタイプ分けをすること。

③分かる…分かち合うというわかり方。あるがままをそのまま理解する。

傾聴とは、会話のなかから単に情報収集する（解る）だけや、問題点を指摘する（判る）ことではなく、分かろうとする姿勢なのである。

傾聴は、話の内容以外からも情報を得る聴き方である。会話のなかにはさまざまな情報があり、話の内容という言語的な情報だけでなく、表情や声の質、言葉づかいなどの非言語的な情報も含まれている。たとえば「○○に困っています。」という言葉をどのような表情で、どのような声色で言ったかを観察し、保護者がどのくらい困っているのか、どの程度深刻な状況だと感じているのか、などといったことまでを理解することが傾聴である。

　実際には、保育者が傾聴の態度を示すだけでなく保護者が「理解してもらえた」と思えなくてはいけない。そのためには相手の話をあるがままに受け止め、保護者に寄り添うという受容的な姿勢と共感的理解が大切となる。

▼受容

　受容的な話の聴き方とは、保護者の気持ちや言動を評価したり、否定や批判したりせずに最後まで話を聴くことである。途中で口を挟んだり、先回りして過剰な解釈を付け加えたり、結論を決めつけず、話を最後まで聴くようにする。

　しかし、すべての言動を認めるということや、不適切な言動に対して「それでいい」と賛同することではない。「子どもなんていなくなればいい」という不適切な言動に対して「それでいい」と答えることは評価であり、「そんな風に思ってはいけない」と言うことは批判となる。このような場合は「そういう気持ちがあるのですね」や「そのくらいつらいのですね」と、そのときの気持ちを受容する。

　受容的に話を聴いていると、ときには、長い沈黙があったり、会話が途切れたりということもある。その場合もその時間の意味を考えながら、保護者のペースで最後まで話せるようにする。

▼共感的理解

　共感とは、保護者の悲しい、苦しい、楽しいという気持ちに寄り添う態度である。保護者が抱いている感情を正確に把握し、その感情を理解しているということを伝えていくのが共感的理解である。保護者の感情を理解する際には、感情の種類だけでなく、程度もはっきりさせる。なかには自分の気持ちを整理できずに話をしている人もいる。また、適切な言葉で表現できていないということもある。このような場合には、より適切でわかりやすい言葉に言い換えて伝えるということも共感的理解のひとつである。

　なお、保護者の気持ちに寄り添うことと、保育者自身も同じ気持ちになることは違う。保護者の話を聴いて感じたことを否定せず、どんな感情を抱いてもそれを自身で認めたうえで、保護者の感情に共感することと、保育者自身の感じていることは切り離して話を聴かなければならない。

▼リフレーミング

　私たちは、すべての物事を自分の価値観や枠組みで解釈している。次々と遊びが変わる子どもを見て「飽きっぽい」と感じるような、物事を見る視点のことを「フレーム」という。しかし実際にはどのような物事に対しても1つのフレームしか存在しないということはない。このフレームを変えて違った見方や違った解釈をすることをリフレーミングという。

先ほどの「飽きっぽい」という特徴も「好奇心旺盛」とリフレーミングすることができる。リフレーミングが身についていると、物事を柔軟にとらえることができ、子どもや保護者との関係性を変えることができたり、問題解決の糸口をみつけることができる。また、短所だと思っていた部分も長所として考えることができ、自己理解にもつながる。

 ## 2　相談場面で必要な技術

① 聴く技法

▼あいづち

　聴いているということが伝わらなければコミュニケーションは成立しない。うなずくだけでなく、適切なあいづちを打つことによって、保護者の発話量は増え、得られる情報を増やすことができる。

　あいづちには相手の話に賛意を示す「はい」「ええ」「うん」などの肯定的あいづちの他、「なるほど」「そうですか」「うそー」「本当に？」といった中立的なあいづちがある。あいづちを打つときは話の内容にあわせて使い分け、単調にならないように気をつける。さらに、「それからどうしたのですか？」「そこでどうしたのですか？」といったあいづちを打つと、話の展開に関心があることが伝わる。

▼繰り返しの技法

　会話のなかで、重要だと思われる部分について、その言葉の一部または全部言い返す技法である。この技法を使うことによって、共感の態度や受容の態度を示すことができ、保護者は自分の話を熱心に聞いてくれていると感じてもらうことができる。ただし、繰り返すのはキーワードを一部だけとし、専門用語などの難しい言葉に置き換えない。「〜ですね」と言葉を付け加えて繰り返すと、自然な会話となる。

▼言い換え

　保護者の話から感じ取ったこと、理解したことを保育者の言葉で返す技法である。保護者が自分の考えがまとまらずに話しているときは、「○○ということですね」と整理してまとめる役割もある。また、保護者は気持ちを直接表現していないことがある。たとえば「3歳なのにこんなこともできないなんて」という保護者の言葉からは、発達を心配し、不安である気持ちを読み取ることができる。このような場合は、「○○ができないことを心配して

いるのですね」というように、言葉の裏にある気持ちを返すことも言い換えの技法である。

▼質問の技法

　質問の仕方には、「はい」「いいえ」で答えることができる閉ざされた質問と相手が自由な言葉で答える開かれた質問がある。開かれた質問では「いつ（When）」「どこで（Where）」「誰が（Who）」「何を（What）」「なぜ（Why）」「どのように（How）」の５Ｗ１Ｈを使うことで、幅広い情報を引き出すことができる。一方、閉ざされた質問は事実確認をしたいときに適しており、会話の導入として使用すると、相談活動をスムーズに進めることができる。なお、開かれた質問をすると保護者が回答につまり、沈黙が生じることがある。待つ姿勢で沈黙の時間も大切にし、「答えられないのか」「答えたくないのか」など、沈黙の意味を考えるようにする。

▼伝える技法

　保護者に、保育者の意見や思いを伝えたいときは、「私メッセージ」で伝えるとよい。私メッセージとは、「私は〇〇である」と伝える技法で、保護者に誤解や脅威を与えず、思いを伝えることができる。「〇〇してください」では主語が私ではないので、保護者に命令しているような、非難しているような伝わり方になることがある。「（私は）〇〇してもらいたいです」「〇〇するとよいと思っています」と主語が私になるようにすると、指示せずに、希望を伝えることができる。最後に「いかがでしょうか？」「どうでしょうか？」と付け加えるとさらに保護者に配慮した伝え方となる。

② 記録の技法

▼記録するべき情報

　記録は引き継ぎやケースカンファレンスの際に必要となる。記録は客観的に、誰が読んでも伝わるように簡潔に記さなければならない。そのためには、時系列に沿って記録すること、事実と保育者の解釈や感想が混ざらないように、事実は事実として解釈とは別に正確に記録する。

　必要な情報は、前述の５Ｗ１Ｈの情報である。その他、「誰に」「どのくらいの期間」「どの程度」といった情報もあるとよい。誰が読んでもわかることが基本なので、省略された言葉や書き言葉は適切ではない。

▼ジェノグラム／エコマップ

　家族関係が複雑な子どもや家族全体の支援が必要な相談の場合など、その家族構成や地域社会とのつながりが重要な情報となる。これらは文章で記す

よりも、視覚的にまとめた方がわかりやすいため、ジェノグラムやエコマップを活用する。

　ジェノグラムとは、家族関係図であり、家族構成や家族内の関係を考え、家族の状況を把握するためのものである。図4－1のような記号を使って表現する。

　エコマップは、問題を抱える人物を中心として、その周辺にある社会資源（家族、兄弟姉妹、友人、近隣住民、医師、各種介護関連機関など）との関わり合いを表現した地図のことである。生態地図ともいわれる。エコマップを作成し、家族とその外部にいる人々や組織とのかかわりを見える化することで、問題となっている部分や、必要な資源がはっきりとするのである。

　保育現場ではエコマップのなかに、連絡先などの情報も一緒に記入してお

図4－1　ジェノグラムの記入例

| 男性 | 女性 | 性別不明 | 死亡 | 相談・援助対象者 |

| 結婚 | 離婚 | 別居 |

| 同棲 | 子どもがいる場合 |

※子どもは左から年齢順に配置
※同居家族は線で囲む
※わかる場合は年齢も図の中に書き込む

図4－2　エコマップの記入例

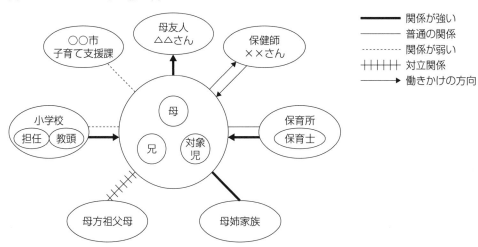

関係が強い
普通の関係
関係が弱い
対立関係
働きかけの方向

○○市子育て支援課
母友人△△さん
保健師××さん
小学校　担任　教頭
母　兄　対象児
保育所　保育士
母方祖父母
母姉家族

くとより利用しやすくなる。

▼記録を書くときの留意点

　他機関から情報を求められたときにすぐに記録が開示できるように、記録は面談後すぐに作成することを習慣づけたい。また、「よい面」や「できること」の記録も記すことを心がけたい。特に虐待の心配がある子どもや発達が気になる子どもなどの記録には、保育者が「気になる」「よくないと感じた」情報ばかりになってしまいがちである。要支援の子どもであってもよい評価ができる面は必ずある。支援の糸口になることもあるので、マイナス面だけでなく、プラス面もあわせて記録する。

　その他、記録は個人情報となるため、作成したものは保管場所を決め、簡単に人目につくところにおいてはいけない。どのように管理するか、誰が管理者となるか、職場でよく話し合っておく必要がある。

3　保育現場での相談スキルの活用場面

● 地域の社会資源と連携

▼地域の社会資源を知る

　保育現場で行う相談活動で大切なことは、他機関と連携をすることである。保育所保育指針第4章子育て支援の「保育所における子育て支援に関する基本的事項」でも「保護者に対する子育て支援における地域の関係機関等との連携及び協働をはかり、保育所全体の体制構築に務めること」と明記されている。これは保護者への子育て支援活動は、保育所内で完結するものではなく、地域全体で支援するものであるということ。また、担当の保育者1人が責任を負うものではないということが示されている。

　なお、保育所保育指針第4章には「保育所における保護者に対する子育て支援は、すべての子どもの健やかな育ちを実現することができるよう」とも示されている。保護者の話をじっくり聞きすぎてしまい、保育者の仕事の本質を超えた支援を行ってしまう事例があるが、保育者の仕事の中心は子どもの養育である。保護者の支援はあくまでも、担当児の養育を支えるものであるという点を忘れてはならない。保育者の力が及ばない、または、保育者の仕事の本質ではない支援については、積極的に地域や他機関の力を借りるべきである。

　詳しくは第3章で学んだが、表4－2に、保育者が子育て支援をする際に

表4−2　保育者が知っておくべき地域の社会資源例

支援制度・相談窓口	業務内容
ファミリーサポート事業	地域において子育ての援助を受けたい人と行いたい人が会員となり、助け合う会員組織
一時預かり事業	家庭において保育を受けることが一時的に困難となった乳幼児について、保育所等で一次的に預かり、必要な保護を行う事業
実費徴収に係る補足給付を行う事業	世帯所得によって日用品、文房具その他の教育・保育に必要な物品の購入に要する費用又は行事への参加に要する費用等を助成する事業
子育て世代包括支援センター	妊娠期から子育て期まですべての年齢段階の子育てに関する地域の窓口
児童相談所	虐待・発達相談等、子どもに関わる相談窓口
乳児院・児童養護施設	家庭養育を代替する施設
子育て支援センター	地域の子育て支援の拠点
専門職	仕事内容
臨床心理士・臨床発達心理士	情緒的・発達的な問題の訓練・助言を行う
理学療法士	日常生活の基本動作・運動能力（歩く・起きるなど）の訓練・助言を行う
作業療法士	日常生活での応用的な動作（食べる・着替えるなど）の訓練・助言を行う
言語聴覚士	ことばによるコミュニケーション能力の訓練・助言を行う

　知っておくべき法規や機関（地域資源）の一部を簡単に紹介する。自治体によって、必ずしも設置されていないまたは利用できないものもある。保育者として仕事を始める際には、その地域でどのような地域資源が利用できるのか、調べておかなければならない。

ケース 1　事例から考えてみよう

発達が気になるK次

▼ ねらい ▼
　園での様子が気になっている子どもについて、保護者に理解を求め、よりよい支援を考えていけるような会話の展開の仕方を考える。

事例

　4歳児クラスのK次（男児）の様子について、B保育士は気になっている。以前から勝敗にこだわることはあったが、最近さらにその傾向が強くなり、遊びのなかで自分が勝てそうもない、活躍できない活動だとわかると、一切

参加しようとしなくなった。さらに、少し不器用なK次は制作活動を嫌がり、無理に誘うと怒り出す。また、気に入らないことがあって一度怒り出すと誰も手がつけられないほどになり、B保育士は対応に困っていた。

　ある日、母親が迎えに来たが、遊びがやめられず癇癪を起こしているK次を見かけた。そこでB保育士はK次の母親のAさんに話しかけた。

B保育士：Aさん、ちょっといいですか。K次くん、癇癪を起こして大変ですね。

Aさん：ちょうど使いたかったおもちゃを使える順番になったところで声をかけたみたいで、もう少し遊びたいみたいです。タイミングが悪かったですね。

B保育士：それだけではないと思います。私も最近、K次くんの行動が気になっています。制作活動を嫌がったり、こうやって怒り出すと手がつけられないことがしょっちゅうです。何か問題があるはずです。一度どこかで相談するべきです。

Aさん：K次がおかしいということですか。そんなはずはありません。家で困ったことはないですし。今までそんなことを言われたことはありません。

B保育士：不器用さもあって、こだわりも強い。これは自閉スペクトラム症だと思います。はっきりさせるためにも来月の巡回相談で相談させてください。

Aさん：その必要はないです。子どもはみんな不器用ですし、K次が特別のはずはありません。むしろ先生のかかわり方がいけないのではないですか。

○支援のポイント

　この事例のB保育士はAさんとよい話し合いができていない。B保育士とAさんのやりとりで好ましくない部分はどこだろうか。

　B保育士は、日頃気になっている問題が目の前で起こっているタイミングでAさんに声をかけた。これは子どものことを一緒に考えるタイミングとしてはよい。また、巡回相談を利用し、専門家の意見を参考にしようとしている点もよい。しかし、AさんがK次の行動について「タイミングが悪かった」と考えているのに対し、「それだけではない」「何か問題があるはずだ」「自閉症スペクトラム症だ」と言い切ってしまっている。これはAさんの考え方を受容しておらず、B保育士の意見を一方的に押し付けている。さらに「来月の巡回相談で相談させてくれ」と伝えている。これは許可をとる質問であり、Aさんの考え方を聴いておらず、意思を尊重するための質問でもない。

　ではどうすればよかったか。まず、保育者が障がいの有無を診断するよう

な発言をしてはいけない。そして、Aさんは「タイミングが悪かった」と考えているため、それは受容する。そのうえで、「園では癇癪を起すことがあり、私は普段困っている」と私の意見として伝え、家庭での様子はどうなのか、Aさんはどのような対応をしているのかということを尋ねる。「気になることはない」というAさんのような場合でも、受容的な聴き方をすることで、実は困っているという話が出ることがある。その場合、事例のような巡回相談で相談する提案の他、地域で相談できる窓口を紹介し、相談することを提案する。また、障がいの有無ではなく、「どうすればK次が楽しく園生活を送れるか、どうかかわるとよいのか、アドバイスがほしい」と伝えることで、相談の目的をはっきりさせることができ、K次の育ちを一緒に支えていく（連携・協働）ことができる。

　一方で、本当に困っていないという場合もある。子どものことをよく知っている保護者ゆえにうまくできていることもある。集団のなかではうまくいかないこともあるが、家庭での対応を聞くことで普段の保育の参考になることもあるため、保護者の対応方法も参考にしながら、冷静に子どもの様子を観察しておく。本当に必要であれば、できること・できないことを丁寧に伝えながら、他機関への相談を促していくようにする。

 ケース **2** 事例から考えてみよう
複雑な家庭環境のN実

▼ **ねらい** ▼
　家庭環境が複雑な子どもの支援方法をジェノグラムとエコマップで整理して考える。

✐**事例**

　4月に入園してきた元気で明るいN実（3歳女児）が、6月を過ぎた頃から急におとなしくなり、笑顔が少なくなった。以前はきちんと身支度して登園していたが、最近は園の送迎も祖母がするようになり、寝起きのままのような姿のこともある。ある日N実が担任のE保育士に「とととかかとゆうくん（兄）と一緒に住めなくなり、パパとママといることになって、みんながけんかしている」という内容の話をした。普段、N実は両親のことを「とと」

コラム①

相手を大切に思ったり、共感する「チカラ」はどこから来るのか

　子どもや保護者の日常生活を支えるなかでよくあげられる課題として、「相手の気持ちに立って」や、「相手と共感して」という言葉がある。これらは相談援助の基本でもあるが、実践する段になると難しさを感じることも少なくない。この難しさはどこから来るのだろうか?

　ある保育所の年長クラスで保護者との人間関係が悪化し、担任の保育士が疲れてしまった。代わりに主任保育士が保護者対応をしたものの、一向に関係の改善は図れない。そこで、解決策を求め園長に相談を持ちかけた。相談を受けた園長は状況を把握し、保護者との面談に臨んだ。

　初回の面談。一見して保護者に不満が蓄積しているのがわかる。自分の主張を一方的に話し出す保護者のあまりの勢いに、園長は動揺を感じずにはいられなかった。「なぜ、この保護者は怒りに満ちているのか?　何に対して怒っているのか?」「保護者の怒りの裏側には何があるのだろう」。そう感じた園長は聴くこと（積極的傾聴）を心がけ、保護者の表す「怒り」の一つひとつに丁寧に向きかっていった。

　保護者の「怒り」の根本には「保育者に理解してもらえなかった」という気持ちが渦巻いているのではないか?　その気持ちを言葉に変え「今までつらかったですね、○○さん」と、"お母さん"ではなく名前で呼び、つらさに共感する姿勢を意図的に表すようにかかわり方を変化させてみた。すると、今まで怒りに満ちていた保護者の表情が緩み、肩の荷がおりたように涙を流しながら自分自身のつらさを話された。それからは声を荒げて話すことも無くなり、今までとは打って変わって穏やかに話ができるようになった。保護者はこれまで、否定されることがほとんどで受け入れてもらった経験が少ないことから、他者に対しての不信感が強くなっていた。そのため、言葉を発した他者にとっては何気ない言葉であっても本人は傷つき、それが他者への怒りに変化していることも理解できた。

　園長は主任保育士や担任にその「気づき」を提供し、保護者の自尊感情を大切にするかかわりを大切にする方向性をうち出した。それ以降、保護者との関係性は好転し、保護者の怒りは感謝への変容していった。

　自らの権利を侵害された人にとって、他者の権利を尊重することは極めて困難であろう。権利侵害をされた状態とは、自分自身の存在を否定された状態（無力化された状態）である。そのような状態では他者への理解だけではなく、自分自身のつらさを表明する力も奪われている。まず「自尊感情」を取り戻すことが相手を大切に思ったり、共感する原動力となる。

図4－3　N実の家族のジェノグラムとエコマップ

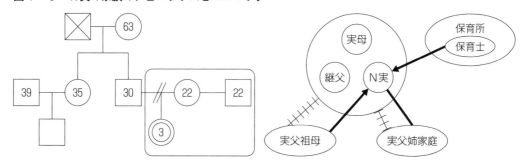

「かか」と呼んでおり、不思議に思ったE保育士は祖母に事情を尋ねた。そこで以下の事実がわかった。

- ・実父（30歳）と実母（22歳：ママ）はN実の出産後すぐに離婚した
- ・実父の祖母（63歳）は祖父に先立たれ、経済的にも余裕がないため、実父の姉夫婦（とと39歳・かか35歳）が引き取り、可愛がっていた
- ・実母が再婚し（継父22歳：パパ）、強引にN実を引き取った
- ・実母家庭は経済的に不安定で、N実の養育がうまくできていない
- ・実父の祖母が心配して手助けをしており、実父の姉も心配している
- ・実母夫婦は手助けされることがおもしろくなく、言い争いをした

○支援のポイント

　この事例では家庭環境が複雑である。このような場合、ジェノグラムとエコマップで整理することで、一目で家庭の事情を把握することができる。

　ジェノグラムをみてみると、現段階で実父の家系はよくわかっているが、実際に同居している実母の家系をつかんでいないことに気づく。また、エコマップからは、N実には保育所と実父家族以外のつながりがないことがわかる。さらに、保育士個人としてN実と関係ができているが、園と実母家族とのつながりができていないことにも気づけるだろう。

　N実の支援にあたっては、まずは保育者としてN実にとって安心できる存在となり、園生活を安定して送れるよう努めることを1番に考えなくてはならない。そのうえで同居している家族との関係をつくり、実母と話をする機会を設け、実母の想いも大切にしながら支援の方法を考えていく。

　一方でN実としては実父姉夫婦家庭とのつながりが強いため、場合によっては家庭間の関係調節も必要となる。しかし、園で働くE保育士の役割は、園生活のなかでN実の発達を支え社会成を養うことや、基本的生活習慣を身につけさせることである。子どもの健やかな発達のために、保育士が保護者

の抱える問題に介入することもあるが、この場合の家族間の問題解決はE保育士の役割を越えたものとなるため、民生委員*1の力を借りるなど、他機関と連携して解決していくべき問題である。また、ステップファミリー*2は虐待のリスクが高い上、実母がうまくN実の養育ができていない状況であるため、児童相談所や地域の福祉課、民生委員等との連携を図り、地域で見守る体制も整えておくことを考えたい。

ケース 3　事例から考えてみよう

不安の高いY子の母親

▼ ねらい ▼

　不安の高い保護者からの相談に対し、どのような態度で話を聴くとよいか、これからどのような支援が必要かを考える。

📝事例

　1歳児クラスのY子はクラスでもっとも身体が小さく、やっと言葉が出始めてきたところで、他児と比べると幼さがある。しかし、Y子は3月末生まれであり、G保育士も他の保育士も当然の発育の差だと感じ、発達面で気にかけることはなかった。一方で、Y子の母親Hさんは不安になりやすく、頻繁に育児方法について保育士に相談している。この日はいつもよりも暗い顔のHさんから声をかけられた。

Hさん：G先生、Y子のことで相談があります。

G保育士：今日は30分くらいですが、いいでしょうか。その間Y子は他の先
　　生に遊んでいてもらいましょうか。

Hさん：ありがとうございます。そうしてください。

　　（部屋を変えて座って話を聴くことにした）

Hさん：Y子はみんなと比べてできないことが多すぎます。特に言葉の面は
　　遅れていて、まだいくつかの単語しか話しません。調べたら障がいがある
　　子の特徴と同じです。Y子は障がいがあるのでしょうか、教えてください。

G保育士：HさんはY子ちゃんが単語しか話さないことが心配で、障がいか
　　もしれないと心配なのですね。

Hさん：歩くのもまだ上手にできないし…たくさん運動するとよいと育児書

*1　民生委員
地域住民が抱えている悩みや心配事の相談を受けたり、福祉サービスを提供する関係行政機関とをつないだりする、地域の相談支援のボランティア。正式名称は「民生委員・児童委員」。

*2　ステップファミリー
血縁でない親子関係を含んだ家族。ブレンデッドファミリーとも。実子でない親子関係の難しさや、生活習慣やしつけの違いなど、多くの課題を抱えやすいとされる。

に書いてあったので、公園や児童館に連れて行ったりしています。インターネットで調べて言葉の教室に通わせようかとも思っています。それを夫や両親に話すと、心配しすぎだ、やりすぎだって言うんですけど。

G保育士：Y子ちゃんのためにそんなに頑張っているのですね。Hさんが心配していろいろと考えているのに、家族にわかってもらえないのは悲しいですね。先日の1歳6か月検診で保健師さんは何か言っていましたか。

○支援のポイント

G保育士をはじめ、園の保育士や家族はY子の発達面を心配していないが、母親がとても心配しているというケースである。

G保育士はHさんの気持ちを受け止め、気持ちを整理する形で話を展開している。また、Hさんの行動も認めたうえで、他機関での様子を聞き出そうとしている。このように、Hさんの行動を認め、十分に気持ちを受け止めることで、相談活動は円滑に行われるのである。

なお、G保育士は、Hさんの話をじっくりと聞けるように、Y子を他の保育士に預け、部屋を変えてゆっくり話せるように環境を整えた。子どもが一緒にいることで保護者が想いをすべて語れない場合や、子どもの年齢によっては、子どもが相談内容を聞いて傷ついたり動揺したりする場合があるため、このような配慮が必要である。また、事例では「今日は30分」とあらかじめ約束をしている。話が長くなる保護者の場合にはあらかじめ時間を設定し、保育者としての業務に支障が出ないようにする工夫も必要である。

🔍 まとめてみよう

① 保育者に必要な態度や考え方を3つあげ、グループで話し合い、自分の価値観と他の人の価値観との相違を実感しよう。

② 2人1組になり、相談者と面接者の体験をしよう。そのとき、聴き方の癖を分析し、聴く技法が実践できているか確かめよう。

③ 不安の高いY子の母親の事例について、どのように支援していくとよいか、連携・協働を意識しながら考えてみよう。

【参考文献】

F. P. バイステック（尾崎新・福田俊子・原田和幸訳）『ケースワークの原則—援助関係を形成する技法—［新訳改訂版］』誠心書房　2006年

児童育成協会監修　松原康雄・村田典子・南野奈津子編『基本保育シリーズ⑤ 相談援助』

　中央法規出版　2015年
諸富祥彦編『人生にいかすカウンセリング—自分を見つめる　人とつながる—』有斐閣
　2011年
大竹直子『やさしく学べる保育カウンセリング』金子書房　2014年
大谷佳子『対人援助の現場で使える聴く・伝える・共感する技術便利帖』翔泳社　2017
　年
富田久枝・杉原一昭編『改訂新版　保育カウンセリングへの招待』北大路書房　2016年

コラム②
保育士の倫理

　保育士の態度や規範は「全国保育士倫理綱領」に示されており、第4章で学んだ内容の重要性についても明記されている。保育者として働く際はもちろん、園での実習やボランティアに行く際にも頭に入れておき、子どもたちや保護者と接してほしい。

　ところで、みなさんは本当にこの倫理綱領に沿った行動ができているだろうか。少し振り返ってみよう。たとえば実習後、「私の行った園に〇〇な子がいて、すごくかわいかったの！」と話をしたり、SNSで自分の園での体験や日々の生活が推測できるような投稿をすること。このような何気ない日常の行動が、プライバシーの保護にかかわる問題になりかねない。仕事や職場がわかるような投稿をしたり、園での出来事を人に話すときには十分に気をつけなくてはならない。

　その他、国が行う政策や制度に常に関心をもっているだろうか。子育て中の保護者の視点で街を歩いたことがあるだろうか。こうした視点をもつことが子どもの育ちを考えることや保護者の子育てを支えることにつながる。普段の生活を見直して、保育者としての自覚を高めていこう。

表4－2　全国保育士会倫理綱領（抜粋）

すべての子どもは、豊かな愛情のなかで心身ともに健やかに育てられ、自ら伸びていく無限の可能性を持っています。 　私たちは、子どもが現在（いま）を幸せに生活し、未来（あす）を生きる力を育てる保育の仕事に誇りと責任をもって、自らの人間性と専門性の向上に努め、一人ひとりの子どもを心から尊重し、次のことを行います。 　　私たちは、子どもの育ちを支えます。 　　私たちは、保護者の子育てを支えます。 　　私たちは、子どもと子育てにやさしい社会をつくります。 【中略】 （保護者との協力） 3．私たちは、子どもと保護者のおかれた状況や意向を受けとめ、保護者とより良い協力関係を築きながら、子どもの育ちや子育てを支えます。 （プライバシーの保護） 4．私たちは、一人ひとりのプライバシーを保護するため、保育を通して知り得た個人の情報や秘密を守ります。 【中略】 （利用者の代弁） 6．私たちは、日々の保育や子育て支援の活動を通して子どものニーズを受けとめ、子どもの立場に立ってそれを代弁します。 　また、子育てをしているすべての保護者のニーズを受けとめ、それを代弁していくことも重要な役割と考え、行動します。 （地域の子育て支援） 7．私たちは、地域の人々や関係機関とともに子育てを支援し、そのネットワークにより、地域で子どもを育てる環境づくりに努めます。 【後略】

出典：全国保育士会ウェブサイト「全国保育士会倫理綱領」より一部抜粋
　　　http://www.z-hoikushikai.com/about/kouryou/index.html

第**5**章　保育者が行う子ども家庭支援の実際

✎ 保育者特有の子ども家庭支援

みらいさん　ここまで、子どもも保護者も含めた子育て家庭への支援が保育者の重要な役割だと学びましたが、私にできるかとても心配です。

みずよ先生　どうしてですか？

みらいさん　技術を学んだとしても、やっぱり年上の人と話すのは苦手なんです。

みずよ先生　それは、少しずつ慣れていくんじゃないですか。

みらいさん　それに、今は子どもについて学ぶだけで精一杯です。カウンセリングやソーシャルワークの技術も実際に自分で活用することを考えると、卒業までに身につけられるかどうか……。

みずよ先生　確かに子育て家庭を支援するためには、相談援助の専門性が求められますね。ところで、みらいさんはどんな保育者になりたいのですか？

みらいさん　子どもの姿から心情を読み取り、その思いに寄り添った支援ができる保育者になりたいです。だから、子どもを理解する力と環境や遊びを活用して発達を支援する技術をしっかりと身につけようと考えています。

みずよ先生　とてもすばらしいわ。それに、みらいさんが、子どもの保育のために身につけようとしている知識や技術は、そのまま子育て家庭への支援に生かせるのよ。

みらいさん　子どもじゃなくて、保護者に対してですか？

みずよ先生　もちろん。子育て家庭の支援では、カウンセリングやソーシャルワークなどの相談支援技術も大切ですけど、保育者は保育の専門性を生かした支援ができるし、そこが強みなのですよ。

みらいさん　強みか……。私にもできるのかな……。

みずよ先生　大丈夫。保育者だからこそできる「実践的な子育て家庭支援の方法」を一緒に学んでいきましょう！

保育所等の特性を生かす

　「保育所保育指針」の「第4章 子育て支援」では、保育士等の専門性や、環境等にみられる「保育所の特性を生かし、保護者が子どもの成長に気付き子育ての喜びを感じられるように努めること」（下線は筆者）を述べている。このことは、乳幼児期が子育てのスタート期であるからこそ、極めて重要なことである。なぜなら、子育ては、親が子どもの姿をしっかりと見て、試行錯誤しながら、適切なかかわりをみつけていくプロセスの繰り返しであるからだ（図5-1、5-2）。

　子育ての基本サイクルが形成される乳幼児期に、子どもの変化に気づく力を身につけ、応答的にかかわろうとする意欲の源となる子育ての喜びをみつけられるよう、保護者に寄り添いながら支えていくのが保育者であるといえる。

　本章では、保育所や幼稚園、認定こども園等（以下「保育施設等」）がもつ特性を確認しながら、主に在園する子どもたちの保護者に対する保育者の具体的な支援方法について考えていきたい。

図5-1　子育てのサイクルとイメージ図

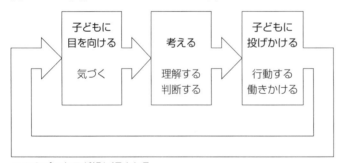

※このプロセスが繰り返される

図5-2　子育てのサイクルと親子の成長

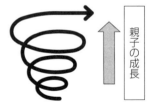

※「子育てのサイクル」はらせん状に繰り返され、親子がともに育っていく

① 教育・保育施設がもつ特性

▼0〜6歳までの子どもの生活の場である

　少子化が進み、子どもたちの生活スタイルが多様化している現在、近隣・自宅周辺での子ども集団の形成は難しくなっている。そのようななかで、就学前の子どもたちが日々、家庭から離れ、同年代の子ども集団のなかで生活をする場が保育施設等である。数年間にわたって、継続的に子どもたちの生

活が営まれる保育施設等は、子どもの育ちにとって重要な場であると同時に、保護者の子育てに大きく影響するものといえる。

▼一人ひとりの子どもが主体的に過ごすことのできる場である

　保育施設等は、子どもたちが自立した生活を送ることを意図した場である。子どもの体格に見合うサイズの椅子やトイレ、洗面所、子どもが扱いやすい道具や素材などが準備されていることで、子どもたちは自分の力で生活することが可能になる。乳幼児期の発達課題である「基本的生活自立」を保護者とともに支えるという場の特性をもつ。

▼子どもの発達を促す環境が準備された場である

　保育施設等は、子どもの発達を促す環境が準備された場である。保育の目標は、子どもの健やかな育ちを保障することであり、この目標は、子どもが育つ場である家庭と連携しながら達成されるものである。環境を通して行う意図的な保育実践とそこでみられる子どもの姿は、保護者が子どもを理解し、発達を促す適切なかかわりをするために重要な情報となる。

▼多様な人とのかかわりをもつ場である

　保育施設等では、同年齢児だけでなく、年上児や年下児、職員や地域の人などさまざまな年代の人とかかわる機会がある。このような関係は、保護者にとっての人間関係の広がりにもつながる。

▼保育の専門家がいる

　子どもの健やかな育ちを支えるために、計画的に保育を展開する保育者がいる。さらには、子どもの健康面を支える看護師や栄養士などの専門家がいる場合もある。

②　特性を子育て家庭の支援につなぐ

　前述にあげた特性を活用し、保育者はさまざまな場面で次のような支援を行っている。
①　子どもの姿を伝える。
②　子どもの理解を深める。
③　子育ての方法・発達を促す方法を知る。
④　子育ての喜びと大変さを共有する。
⑤　子育てを支える地域を育む。

　保育者が、日常的な保育場面のなかでこれらの支援を行っていくことができるのは、保育者のもつ専門性に裏づけられている。「保育所保育指針解説書」では、保育士の専門性として、①発達支援、②生活支援、③関係構築、④環

境構成、⑤相談援助の5つの知識や技術を掲げているが、これらは子どもだけでなく、保護者への支援にも生かされている。そして何より、子どもと同様に一人ひとりの保護者を尊重する気持ちが、保護者との信頼関係を築いているのである。

 保育場面における具体的な子育て支援の方法

① 保護者とのコミュニケーション

▼送迎時の会話

　短時間ではあるが、直接保護者と会話ができる送迎時は貴重なコミュニケーションの機会である。家庭での様子を聞いたり、保育中の様子を保護者に伝えたりと、直接的な会話による子育て支援の効果も大きい。しかしそれ以上に、何気ない会話を日々重ねることが、保護者との信頼関係につながる。

> **場面**　会話の糸口が関係づくりのスタートに
>
> 　いつも足早に子どもを預け、お迎え時にもすぐに帰ってしまうA美（2歳）の母親。担当の保育士は、努めてA美の様子を話すが、無表情に「そうですか」という返答しかない。そんなある日、A美の歯ブラシが変わっていたので、「歯ブラシの交換、気づいてくださってありがとうございます」と声をかけると、母親ははじめて笑顔でうなずいた。以降、何気ない会話に努めるなかで、次第に母親からの言葉も増えて家庭での様子や困っていることなどを話すようになってきた。

　A美の母のように、会話のキャッチボールがなかなかできないケースもある。それでも根気強く言葉がけを続けていくことで、保護者との会話のきっかけをつかむことができる。この事例のように、保護者の日々の姿を受容しながら、敬意をもって接していくことで、保護者との関係をつくりきっかけがみつかるのである。

　「おはようございます」「行ってらっしゃい」「ありがとうございます」「お疲れ様です」と挨拶を交わすだけで、保護者との関係が始まる。明るい表情と丁寧な態度でコミュニケーションをとることで、相互信頼が生まれ、子育てのパートナーとして、保護者に受け入れられるのである。

▼連絡帳

　連絡帳は、保護者と保育者が子どもをめぐって1対1でやりとりができるコミュニケーションツールである。保護者にとっては、昼間の子どもの様子を知ることができると同時に、家庭での子育てについて相談できる便利さがある。そして卒園後は、子どもの成長ストーリーとして大切な宝物にもなる。保育者にとっても、連絡帳を通して、家庭での子どもの様子や保護者の思いを知ることができ、家庭との連携がとりやすくなる。しかし、個別に相互的なコミュニケーションがとれる連絡帳は、保護者との信頼関係を築くのに役立つ反面、一瞬で関係を損なう危険をはらむものでもある。

場　面　文字で伝えることの難しさ

> 　Y子（3歳）の父母は仕事が忙しいため、保育園への送迎は祖父母が行っている。Y子の母親から、連絡帳に「最近家でわがままが多く困ります。園ではどうですか？」という記載があったので、担任は「Y子ちゃんは、お母さんに甘えたい気持ちから、わがままになってしまうのかもしれません」と書いた。翌日母親から「私のせいなのですね」と短い返答があった。

　連絡帳は、限られた字数での文字コミュニケーションである。相手の反応をみながら調整することができないため、相互に思いのずれが生じやすい。この場面も、子どものことをよく知る保育者は、「わがまま」は年齢相応の

表5-1　連絡帳のメリット・デメリットとその対応

連絡帳のメリット	効果的な方法
時間や場所を選ばず、複数の家族が園での子どもの姿を知ることができる	子どもの姿が伝わるよう具体的な記述をする。 保育者の温かいまなざしやかかわりを伝える。
保護者と保育者が日常的にやりとりできる	保護者からの記載に応答的な内容を心がける。
家庭での子どもの様子を知ることができる	保護者が答えやすい問いかけをする。
保護者が不安や悩みを表出しやすい	保護者の気持ちを受け止める。 子どもの発達を見る視点を伝える。 子育ての具体的なアドバイスをする。
連絡帳のデメリット	効果的な対応
発信時には相手の反応が見えない	保護者の様子を思い浮かべ、記載する内容や表現を選ぶ。
伝わりにくく、誤解が生じやすい	場面を絞り、目に浮かぶような表現を心がける。 不快感を与える表現を避ける。 誤解が生じやすい内容は直接連絡する。 必ず読み直す。
時間や手間がとられる	子どもの面白さや輝きを1つだけでも伝える。

姿であり、Y子が甘えと自立の葛藤中にあるととらえているのであろう。しかし母親は、自分がY子に十分にかかわれないことを「甘え」として責められたと感じてしまった。保護者との会話のキャッチボールである連絡帳では、相手からのメッセージを受容し、応答的な返答が求められる。メリットとデメリットをふまえて、保護者に寄り添う支援に活用したい。

▼おたより

　保育施設等では、さまざまなおたよりが保護者に向けて発信される。園全体の行事や事務連絡、園長の所感などを載せる園だよりでは、保護者に園運営への理解と協力を期待して作成する。一方、クラス単位でのおたよりでは、日頃の子どもの姿や発達特徴を発信し、保護者に子ども理解と保育への信頼を期待する。また、保健だよりや給食だよりでは、健康管理や食育のための情報が提供される。おたよりは、連絡帳のように個別性、双方向性はないが、多数に同じ内容が発信されることで、子育てに有効な情報を得やすかったり、全体での共通理解が図りやすかったりする。最近増えているSNSやブログを用いた一斉型の情報発信も同様である。

場面　さりげないメッセージの効果

> 　1歳児クラスの担任Aさんは、T也くんの母親が、身の回りのことをすべてやってしまうことが気になっていた。そこで、クラスだよりに、最近、一人で服を着ようと頑張る子どもたちが多いことや、ズボンの片方に両足を入れてしまう微笑ましい姿などを紹介し、保育者のかかわりとともに掲載した。自分でやろうとする意欲や失敗が大切なことを添えて発信したところ、少しずつだが、T也君の母親のかかわりに変化がみられるようになった。

　1対1の会話ではなかなか切り出せない話題も、不特定多数の保護者を対象に子どもの姿を通して発信することで、一定のメッセージ効果を生むこともできる。保護者は保育者の言葉に敏感な反応を示しがちだが、おたよりとしての発信の場合、客観的情報として受け入れやすくなるようである。

　おたより作成の留意点として、読んでもらうための工夫と読む人が不快な思いをしないための配慮の2つがあげられる。

①おたよりを読んでもらうために

　・わかりやすい見出しをつけ、見やすいレイアウトにする。

　・やわらかい表現、簡潔な文章を心がける。

　・プライバシーに配慮したうえで、具体的な子どもの姿や保護者の意見・アイディアなどを載せる（双方向コミュニケーションを心がける）。

②不快にさせないために

　　・多様な価値観に配慮する。

　　・園からの依頼事項は、保護者の立場を考えて、丁寧に記載する。

▼個別の面談

　園行事として実施される保護者との個別面談の他にも、保護者からの依頼や園側の事情から、保育者が個別の面談を行うことがある。いずれの場合でも、落ち着いて面接できる場所を確保し、バイスティックの7原則などの相談援助技術を用いながら行う（第4章参照）。制約された時間であるため、面談前に子どもの成育歴や家族状況等の基本情報や、最近の子どもの様子を確認しておくことが大切である。

▼トラブル時のコミュニケーション

　園生活のなかでは、活動中にけがをしたり、仲間とのいざこざで傷ついたりなどのトラブルが起こる。トラブル時には、まず電話等で直接コミュニケーションをとることが大切である。トラブル場面の対話では、できるだけ事実を正確に伝えることが重要であり、相手の反応や理解の内容を確認しながら、適切に修正していくことが求められるからである。園のリーダー的な保育者の指示を仰ぎながら、保護者に丁寧に事実を伝えると同時に、園としての対応や予防策等を必ず述べるようにする。日頃の保護者との信頼関係がトラブル時に大きく影響する。普段のコミュニケーションはもちろん、トラブルが起こってしまった後のフォローアップを丁寧に行うことが、信頼関係をつなぐポイントである。

❷　保育環境を活用した保護者への支援

　「保育所保育指針」「幼稚園教育要領」「幼保連携型認定こども園教育・保育要領」ともに、子どもに対する保育は環境を通して計画・実践することと示している。保育者の専門性（環境構成の知識・技術）に基づく保育環境は、保護者に対する支援にもつながる。

▼安心できる環境

　園の空間は、子どもたちが安心して生活できるように工夫されている。送迎や行事等で施設内に入る保護者にとっても、そこが居心地のよい環境であることは、親としての役割発揮を支えてくれる。子どもたちが生活する空間（園）は、おとな中心の社会とは異なる雰囲気が流れている。子どもの製作物や、腰かけて休めるベンチ、色・光・音の刺激が少ない落ち着いたスペースなど、保護者がほっとしたりくつろいだりできる環境構成が、多忙な保護

写真1　玄関のくつろげるコーナーや絵本コーナー（例）

者に、気持ちの切り替えと親子の時間を楽しむ余裕をもたらしてくれる。優しく迎える保育者の声かけによって、保護者は、親としての居場所を実感し、子育ての意欲を高めていくのではないだろうか。

▼子どもの文化や暮らしに触れる環境

　保育では、絵本や紙芝居など子どもの文化財が使用されている。これらの文化財を子どもの保育にとどめるのではなく、絵本コーナーなどを設置して発達に応じた絵本の紹介を行ったり、ままごとコーナーなどの遊びの場を見てもらったりすることで、子どもとのかかわりに生かしてもらうことができる。また園では、子どもが主体的に生活できるよう片づけや収納などの環境を工夫している。家庭での実践のヒントにしてもらうことで、生活の自立を支える取り組みにつなげることもできる。

▼子育てに関する情報を得る環境

　多くの園内には、子どもの健康や栄養に関する情報や、地域にある子育てサービス、イベント情報などの掲示コーナーが設置されている。保護者が目にしやすい位置に子育てに関する情報を提示することで、保護者は自身に必要な情報を選択して得ることができる。給食のレシピを公開し食育の取り組みを促進したり、保護者からの情報提供コーナーを設け、情報交流を盛んにしたりするなど、保育者の豊かなアイディアが有効な支援につながる。

▼子どもの経験や育ちを知る環境（ドキュメンテーション・ポートフォリオ）

　園では、自分の子どもだけでなく、多くの同年齢や異年齢の子どもたちの姿を目にする。遊びの様子や子どもたち同士のやりとりを見るだけでも、保護者の子ども理解につながることが期待されるが、最近では子どもの活動の様子を視覚的に表現するドキュメンテーション＊1などによって、より子どもの経験や育ちを知ることができるようになっている。

　ドキュメンテーションは、子どもの活動の過程を写真や音声、文字など多様な手法を用いて表現するものであるが、保育現場では、写真や図などを添

＊1　ドキュメンテーション
ドキュメンテーションとは、一般的には「文書」を意味するが、保育の世界では「記録」を意味する。イタリアのレッジョ・エミリアの保育で積極的に活用されている写真を効果的に用いた記録等のことをドキュメンテーションと呼んだことに端を発し、写真に限らず視覚的な素材を用いた記録全般を意味するようになっている。

写真2　ドキュメンテーション作成例

えながら子どもの経験を紙面にあらわすもの（写真2）がよく用いられている。

　保育者は、子どもの経験や保育のプロセスを視覚化したドキュメンテーションによって、自らの保育を振り返り子どもの育ちにふさわしい保育の手立てを検討する。しかし「見えない保育を視覚化する」ことで、その内容は、子ども、同僚そして保護者にも共有されることとなる。子ども自身が自分の活動を振り返り、次の活動のアイディアをみつけたり、同僚とのカンファレンスによって互いの保育の向上に生かしたりすることが可能になるのだ。そして保護者にとっても、何気なく目にする子どもたちの活動に潜む育ちや学びを知る機会となる。保護者の目にとまる場所に掲示することで、子どもとの会話も弾み、保護者の保育理解や子ども理解の深まりが期待できる。

　複数の子どもの活動ではなく、一人ひとりの子どもの経験を見ることができるよう、写真や子どもの作品等を添えて記録したポートフォリオを作成している園もある。ポートフォリオもまた、保育者だけでなく、子どもや保護者が自由に手にとれる環境をつくることで、家庭と園が子どもの成長を実感

し、喜び合う機会を生み出すことになる。

　いずれも個人情報を含む記録であるため、事前に公開する範囲や内容を保護者と確認しておくことが大切である。また、保管場所や管理方法、誰が管理するかなど、職場でよく話し合っておく必要がある。

▼保育者という環境

　園には、何より保育者という人的環境がもつ影響が大きい。保育者（環境構成・遊びの展開）を基盤に、次のような保育相談支援技術を実践しているといわれている*2。

＊2
子育ての経験の継承：
「幼保連携型認定こども園教育・保育要領」第4章 子育ての支援第2の2に記載。

①支持	②承認	③助言	④解説	⑤情報提供
⑥物理的環境の構成		⑦行動見本の提示		⑧体験の提供等

　保護者が保育者と保育場面を共有するとき、保育者の言動は、子どもの成長に目を向け、子育てのコツや方法を示唆するものが多い。日々の子どもの姿をよく知る保育者だからこそ、さりげなく保護者の子育てに寄り添い、その家庭にふさわしい支援を選択し、提供することが可能になるといえる。特に保育者の子どもへの具体的な言葉がけや支援方法を目前で確認することで、保護者は自発的に自らの子育てに取り入れていくことができる。「保育者という環境」が子育てのモデルを示すのである。

場　面　片づけを促すかわり

　S絵ちゃん（3歳）のお迎えにきた父親。S絵ちゃんが遊びをなかなかやめず、おもちゃを離さないことに困り顔。しびれをきらした父親が怒ると、おもちゃを投げ捨ててしまう。「いつもこうだから」とため息をつく父親。保育士はおもちゃを拾いS絵をしばらく見守った後、気持ちの切り替えをはかる言葉をかけ、一緒におもちゃを片づける（行動見本の提示）。「S絵ちゃんは、ちゃんと片づけるタイミングを決めることができるね」と声をかけ、父親には片づけの場所が決まっていることや、片づけやすい箱の大きさであることなどの説明をした（物理的環境の構成）。

場面　　子どもの偏食をめぐる支援

　お迎えに来たR次くん（2歳）の母親。家庭での偏食について担任のC保育士に悩みをこぼす。「励ましながら野菜を食べさせるけど、一口がやっとで……」。C保育士は、無理強いせずに辛抱強くかかわる母親に「お母さんのかかわり方、いいと思いますよ。だから、R次くんも応えようとしているんですね」と支持・承認する。「野菜は噛み切りにくいものや飲み込みにくいものもあるから、苦手な子がいるみたいです」と、偏食の理由を解説し調理法のアイディアとレシピを渡す（情報提供）。また、R次くんが楽しい雰囲気のなかで苦手なものも食べたエピソードを紹介し、父親を待ってR次くんとは一緒に食事をしていない母親に、向かい合って一緒に楽しく食べること（物理的環境の構成・体験の提供等）や、効果のあった言葉がけなどを助言した。

③　園活動を通した保護者への支援

▼保護者を対象とした行事

　「保育所保育指針」では、保育所を利用している保護者に対する子育て支援について、「保育の活動に対する保護者の積極的な参加」が「保護者の子育てを自ら実践する力の向上に寄与する」としている。これまでも保護者が園での子どもの姿を目にすること、保育者のかかわりを見本にすることが子育てに生かされることを述べてきた。保護者を対象とした行事では、そのような効果が期待できる。

①保育参観

　保育参観は、保護者が保育活動を通した子どもの姿を見ることができる。友だちや保育者とのかかわりや一人で生活を進める姿など、家庭とは異なる姿にわが子の成長を実感する保護者も多い。保育者は、日頃の保育や子どもの姿を保護者が理解できる有意義な機会となるように、保育の意図や観察の視点をあらかじめ知らせておくとよいだろう。また、できるだけ子どもたちが普段通りに生活できるように保育内容の選択や当日の配慮が必要になる。

②保育参加

　保護者が保育活動を体験する保育参加には、親子活動を中心とした一斉型の参加や、個々に日程を決めて半日程度の保育を体験する個別型の参加がある。保育活動に直接参加することで、わが子の姿だけでなく他の子どもの姿や保育者のかかわりに気づき、子育てを振り返るきっかけになることも多い。

場面　保育に参加することでもたらされる気づき

> はじめて保育参加に訪れたＫ太くん（４歳）の父親。母親からは、あまり子育てに参加しないと聞いていたが、さっそくたくさんの子どもたちに囲まれて困り顔。それでも子どもたちが遊びをリードするなかで、父親も次第に笑顔で応じるようになっていく。一方、食事の配膳には四苦八苦。「先生たちはすごいですねぇ」ともらす。普段は「しっかりしていない」と否定的な見方をしているＫ太に対しても、「Ｋ太は思いやりのある優しい子だと感じました」とのこと。どうやら、子ども同士のトラブル場面でＫ太が双方の気持ちをくんでトラブルを解決する場面を目撃したらしい。

　保育参観や参加は、保護者の視野が広がると同時に、他の子どもとの差異が気になったり、保育方法に疑問をもったりする場合がある。参観（参加）後に、できるだけ保護者の思いを聴く機会を設けることが大切である。懇談会が実施できる場合は意見の聴取と説明を行い、実施できない場合は、アンケート等で意見を集め、フィードバックを行うことが望ましい。

▼保護者や地域の人と楽しむ行事

　園生活のなかでは、季節の伝承的行事や社会や自然と親しむ行事など多くの行事が、ねらいをもって実施されている。なかでも、日頃の保育経験を総合的に展開し、集団として活動する運動会や発表会などは、保護者や地域の人と楽しむこともねらいのひとつとなる。毎年実施される行事を通して、保護者が子どもの成長を実感できるよう配慮するとともに、地域の人も含めて、さまざまな子どもの個性を認め、みんなで成長を喜び合う機会としていきたい。そのことが、子育ての経験の継承につながるきっかけにもなる*3。

▼保護者同士の交流を図る

　「幼保連携型認定こども園教育・保育要領」では、「保護者の生活形態が異なることを踏まえ、全ての保護者の相互理解が深まるように配慮すること。その際、保護者同士が子育てに対する新たな考えに出会い気付き合えるよう工夫すること」とある。保護者同士の交流を図ることを目的とした実践としては、保護者懇談会に保護者同士が語り合える時間を設けたり、保護者会や父親の会の組織づくりや運営をサポートしたりする取り組みがある。また、子どもの発達が気がかりな保護者同士が、情報交換をしたり講師を招いて学び合ったりする活動を積極的に支援する園、いつでも利用できる保護者専用の交流スペースを園内に設けて、自発的な交流を期待する園などもある。多様な生活形態の保護者が交流を図るためには、多層的な取り組みが必要である。

＊3
保育相談支援技術について『保護者支援スキルアップ講座』は、8つの保育相談支援技術をあげている。

▼全体的な計画のなかでの子ども家庭支援

　園における子育て支援は、子どもと保護者の関係、保護者同士の関係、子どもや保護者と地域の関係を把握し、それらの関係性を高めることが保護者の子育てや子どもの成長を支える大きな力になることを念頭に置いて、働きかけることが大切である（保育所保育指針解説書）。

　保育者は、子どもや家庭の状況、地域の実態に基づいて作成された園の全体的な計画に基づき、個々の子どもや家庭にあわせた支援を、指導計画上に盛り込みながら実践をしている。これまで述べてきた支援内容も、子どもに経験させたい内容とあわせて「家庭との連携」等の欄に明示し、評価・改善していくなかで実践されるものである。

🔍 まとめてみよう

> ①　保育施設がもつ特性をまとめ、どのように子育て支援に結び付くかを考えてみよう。
> ②　保育者は保育の専門技術をどのように子育て支援に活用しているだろうか。実習などの体験をもとに考えてみよう。
> ③　園行事などの園の活動を子育て支援につなぐ工夫を考えてみよう。

【参考文献】
請川滋大・高橋健介・相馬靖明編『新時代の保育1　保育におけるドキュメンテーションの活用』ななみ書房　2016年
柏女霊峰監・編　橋本真紀・西村真美編『保護者支援スキルアップ講座　保育者の専門性を生かした保護者支援―保育相談支援(保育指導)の実際―』ひかりのくに　2010年

【協力】
社会福祉法人国吉ちくば保育園（富山県高岡市）
学校法人富山国際学園富山短期大学付属みどり野幼稚園（富山県富山市）

コラム

保育の「見える化」が子どもや家庭を支援する

　最近、保育現場にかぎらず、「見える化」という言葉をよく耳にする。そしてその多くは、見えにくいものを見える形にすることで、何らかのメリットを得ることを前提に使用されている。本文でもふれたように、保育現場で使用され始めた「ドキュメンテーション」も、写真などを使って保育内容を可視化し記録として残すことで、保護者への発信や保育の振り返りに活用している。

　この「見える化」という言葉、厳密に言えば「可視化」と少し異なるようである。最初に「見える化」という言葉を使用したと言われる日本の自動車メーカーでは、生産管理のために、「見たくなくても見えること、見えたことによって行動を引き出すこと」を意図した環境を準備し、「見える化」と名づけた。つまり、「可視化」以上に、人間の行動に影響を与える見せ方だといえる。

　現在、保育現場で取り組んでいるのは、まさに「見える化」なのではないだろうか。園での生活や遊びの様子、保育者の意図を文字だけでなく、さまざまな手法を使って「見える場所」に掲示する。あるいは、子どもたちの話し合いの内容や遊びの流れを図式化して、「見える場所」に貼っておく。これらは、「見えにくいものが見える」こと以前に、「日々育ちゆく子どもの姿」に関心を寄せるための環境となっている。実際、保護者がドキュメンテーションなどを目にすることで、帰園後の親子の会話が弾んだり、子どもの発達理解につながる視点を得たりといった効果がある。また、子ども自身が目にすることで、自らの遊びや生活のプロセスを意識し、これからの行動の見通しをつけていくきっかけにもなる。

　保育者の家庭支援は常に、子どもの発達支援と結びついている。子どもの成長を願い、子どもと織りなす生活のなかで「伸びようとする子どもの姿」をしっかりととらえること。そしてそれが確実に親子に伝わるよう（無意識に気づけるよう）、工夫することが、乳幼児期以降の親子の育ちに必要な"基盤"をつくる支援である。「保育の見える化」は、保育者ならではの子どもや家庭を支援するスキルだといえるだろう。

参考文献：遠藤功『見える化—強い企業をつくる「見える」仕組み—』東洋経済新報社　2005年

第6章　地域の子育て家庭への支援

📖 地域の子育て家庭を支援する専門職の役割

みらいさん　近頃、子どもへの虐待事件のニュースをよくテレビや新聞で見るのですが、地域で子育てをしている家庭への支援が必要になってきているのですか。

みずよ先生　そうですね。虐待という状況にまでは至らないものの、近年、子育ての不安感や負担感が高くなったり、地域社会から孤立したりして、子育てに行き詰っている地域の子育て家庭が増えているともいわれています。そのため、子育て家庭を地域でどのように支えるかということが大きな社会的課題となっているのです。

みらいさん　子育ての不安感や負担感が高くなったり、地域社会から孤立したりして、子育てに行き詰っている地域の子育て家庭が増えているのはなぜですか。

みずよ先生　そうですね。その理由はひとつではなく、さまざまな要因が複雑に絡み合っているのではないかとも言われていて、現在、調査研究が進められているのですよ。ある調査では、子育ての経済的な不安・負担感やパートナーとの関係などの要因が関係していると指摘されています。

みらいさん　保育所の保育士は子どもの保育だけではなく、子どもの保護者への支援もしていると学んだのですが、さまざまな要因が関係して子育てが行き詰っている保護者への支援もしているのですか。

みずよ先生　そうですね。保育所の保育士は、保育所に入所している子どもの保護者を支援するとともに、保育所に入所していない地域の子育て家庭への支援も行っているのです。また、そうした子育て家庭の中には、子育てに行き詰っていたり、支援を必要としていたりする保護者もいるので、地域社会や専門機関等と連携しながら支援しています。

みらいさん　そうだったのですか。保育士は、地域社会や専門機関等と連携しながら保護者を支援しているのですね。

みずよ先生　ええ。そうなのです。地域社会から孤立して、子育てに行き詰っている保護者への支援などにおいては、保育所、認定こども園、地域子育て支援拠点などが、保健センターや児童相談所などの専門機関と連携するとともに、地域の主任児童委員の方々とも連絡を取り合って、地域社会全体で子どもと家庭を支援しているのですよ。

保育所等が行う地域子育て支援

① 保育所で始まった地域子育て支援

▼地域子育て支援拠点事業の変遷と保育所の果たしてきた役割

　近年、少子化、核家族化、情報化、子ども・子育て家庭の交流の減少等、地域における子ども・子育て家庭を取り巻く環境が変化している。これらの要因も影響し、家庭や地域の子育て力が低下しているといわれる。さらに、子育て家庭への経済的負担や、経済格差の拡大等の影響も加わって、子育てに対する不安や負担感が増大している。

　こうした子育て家庭の抱える子育て不安やストレスを軽減するとともに、地域社会における孤立化を予防するための子育て家庭へのさまざまな支援が必要である。そのため、厚生労働省は、1993（平成5）年に保育所地域子育てモデル事業を創設し、保育所において地域の子育て家庭への支援を取り組んだ。その後、1995（平成7）年に、地域子育て支援センター事業に名称変更し、保育所において子育て支援事業を実施した。その後、表6−1に示したように、子育て家庭を支援する地域子育て支援拠点の整備拡充を図るとともに、利用者支援や地域支援を行う多機能型の地域子育て支援拠点事業が実施されている。なお、この事業は現在、子ども・子育て支援新制度における地域子ども・子育て支援事業に位置づけられている[*1]。

*1
事業の詳細については、第3章参照。

　地域子育て支援拠点が行う子育て支援の内容に関して、厚生労働省（2007）による地域子育て支援拠点事業においては、地域の子育て関連情報を提供す

表6−1　厚生労働省による子育て支援事業の変遷

	事業の変遷
1993（平成5）年	保育所地域子育てモデル事業を創設
1995（平成7）年	地域子育て支援センター事業に名称変更
2002（平成14）年	つどいの広場事業を創設
2007（平成19）年	児童館による子育て支援事業を加えて地域子育て支援拠点事業を再編
2013（平成25）年	地域子育て支援拠点事業を再編し、一般型、連携型に地域機能強化型を追加
2014（平成26）年	地域子育て支援拠点事業の「利用者支援」が「利用者支援」と「地域連携」から構成される「利用者支援事業」の「基本型」へ移行　その上で、地域子育て支援拠点事業の地域支援と利用者支援事業の基本型が多機能型の地域子育て支援拠点に整備されている

表6-2　地域子育て支援拠点事業における4つの基本事業

①子育て親子の交流の場の提供と交流の促進
②子育て等に関する相談援助の実施
③地域の子育て関連情報の提供
④子育て及び子育て支援に関する講習等の実施

るだけでなく、親子の交流の場を提供したり、交流を促したりする支援がなされている。また、子どもや子育てに関する相談援助の機会の提供、また講習会などが実施されている（表6-2）。なお、2011（平成23）年度の地域子育て支援拠点事業（ひろば型）の実施場所別実施状況は、全2,081か所の内、公共施設32.0%、保育所32.1%、児童館6.1%であり、保育所における地域子育て支援の実施率が高い。

②　保育所保育指針の改定による子育て支援

　2017（平成29）年3月31日付で、新しい「保育所保育指針」が告示され、2018（平成30）年4月1日から実施されている。

　新指針では、「保護者に対する支援」であったタイトルを「子育て支援」と改め、「職員の資質向上」の中における「専門性」を強調し、「研修の実施体制等」が加えられ、研修を充実させる方向性が示されている。

　今後、保育所では、研修を実施して専門性を向上させることで、地域における子育て支援という重要な使命をより充実させることになってくる。

③　保育所で行われる保育士による子育て支援

▼保育所利用者への支援

　保育所では、保育室や園庭など保育所固有の環境を通した子育て支援が行われている。たとえば、保育所の廊下や保育室の壁面に子どもたちの作品が展示されることにより、環境を通した子育て支援がなされている。また、保護者が子どもと登園する際、送迎時の短い時間ではあるが、保護者との対面による子育て支援が行われることにより、子ども・子育て支援に関する相談援助が行われている。さらに、保育所の行事・イベント・保育参観・体験保育などを詳細に連絡する園だよりやクラスだより、日々の子どもの様子を伝えあう連絡ノートも子育て支援に重要な役割を果たしている。そのほか、保育士と保護者が、保育所と家庭での子どもの様子について話し合うために、

＊2
支援の詳細について
は、第5章参照。

保育懇談会や個人面談が行われている＊2。

▼保育所を利用していない子育て家庭への支援

　園庭開放や保育参観による子育て支援を行うことにより、保育所の機能を活用した子育て支援も行われており、保育所を利用していない地域の子育て家庭が保育所に実際に出向き、保育所で子育て中のほかの親子との交流を図ることができる。

　以上、述べてきたように保育士には、保育所の特性を十分に生かして子育て家庭を支援することが求められているのである。

④　地域子育て支援拠点で行われる保育士による子育て支援

　地域子育て支援拠点では、地域の子育て家庭の個別ニーズを把握し、その結果に基づいて情報を集約し、提供している。また、教育・保育施設や地域の子育て支援事業などを円滑に利用できるように、相談援助を行っている。

　たとえば、居住地域の子育て支援の制度・サービスについて知らない遠方から転居してきた地域の子育て家庭に対して、地域子育て支援拠点を訪問してきた際、保育士は、地域子育て支援拠点で行われている「赤ちゃん教室」や「絵本の読み聞かせ会」などの子育て支援プログラムの情報提供を行う。

　そして、その子育て家庭が必要としている地域の子育て支援の制度・サービスに関する情報を提供するため、市区町村が発行している「子育て支援リーフレット」や「子育て支援ウェブサイト」などを伝える。

　さらに、子育て家庭がどのような悩みや心配事を抱えているか把握するため、相談援助を行う際には、寄り添いながらしっかりと話を聴き、地域の子育て支援事業、保育所、幼稚園などの教育・保育施設などを円滑に利用できるように丁寧に説明したり、さまざまな子育て支援に関する専門機関へつないでいったりする実践を行っている。そのためにも、地域の子育て支援に関する会議などへ参加し、保育士は子育て支援に関する情報を共有するように努めている。

関係機関との連携・協力事例

ケース **1**

事例から考えてみよう

地域子育て支援拠点が実施する講習会への参加

▼ ねらい ▼

　関係機関や他の専門職と連携・協力しながら、地域子育て支援拠点事業を行うことが必要である。ここでは、地域子育て支援拠点事業における子育ておよび子育て支援に関する講習等の実施事例を通して、保育士が関係機関や他の専門職と連携・協力して、地域の子育て家庭を支援する重要性について学ぶ。

📝事例

　生まれて8か月のわが子を育てるＡさん。夫の帰りはいつも遅く、夫婦の両親はともに遠方に居住していることから、一日のほとんどをわが子と二人きりで過ごしており、子育てに行き詰まっていた。

　そんなある日、スマートフォンで子育て情報を検索していると、居住地域の地域子育て支援拠点事業において「赤ちゃん講座」を開催していることを知った。一人で思い悩んでいるよりはと、Ａさんはその赤ちゃん講座に参加することにした。

　講座が開催されている公民館に着くと、講座の担当保育士が出迎えてくれた。保育士はまずＡさん親子の様子を観察し、心理的にリラックスした状態で赤ちゃん講座に参加できるよう心がけながら、講座を開催する部屋に案内した。移動中、Ａさんからは赤ちゃん講座を知った経緯を聴き、いつも子どもと二人きりでいるという状況のＡさんの思いに共感的に接した。

　部屋についた後は、赤ちゃん講座の概要を簡単に伝え、保育士はその場を離れようとしたが、Ａさんは他に参加している母親たちの輪のなかに入っていけない様子であった。そこで、「今日から赤ちゃん講座にはじめて参加されるＡさんです。皆さんよろしくお願いしますね」と笑顔で声をかけ、交流を促した。

　その日の講座では、簡単なベビーマッサージや赤ちゃん体操を通じて、親子で体を動かしふれあう活動が行われていた。Ａさんは活動に参加しながら、

ほかの参加者とも少しずつ交流を深めることができた。赤ちゃん講座では日により管理栄養士による赤ちゃんの栄養講座、保健師による赤ちゃんの健康講座、保育士による親子遊びの講座など、様々なメニューが用意されている。その日の帰り、Aさんは「これからもここに遊びに来ようね」と抱きかかえる子どもに笑いかけた。

〇支援のポイント

事例で示したように、赤ちゃん講座などでは、管理栄養士による乳幼児の栄養講座、保健師による乳児の心身の健康講座、保育士による親子遊びの講座など、様々なメニューが用意されている。そのため、保健センターなどの施設と連携したり、保健師や管理栄養士などの専門職と協力するなど、さまざまな協働により子育て家庭を支援することが期待される。その連携のためにまず、所長、主任、担当保育士等と、保健師、管理栄養士等との間で綿密な打ち合わせを行い、講座の内容について調整している。

また、子育てに悩みを持つ親、心身の健康に課題のある親子などへの継続的支援を行う点についても、他機関の専門職と相互に共通理解を図り、適宜連携を図りながら、親と子のつながりが途切れないよう支援を展開している。

地域子育て支援専門職としての支援と実際の取り組み

① 保育士など地域子育て支援を担う専門職が行う支援のターゲット

『全国保育士会倫理綱領ガイドブック』には、「私たちは、子どもの育ちを支えます」「私たちは、保護者の子育てを支えます」「私たちは、子どもと子育てにやさしい社会をつくります」と保育士の業務における「子育ち支援」「子育て支援」「地域育て支援」が示されている。

また、山縣（2016）は、子育て支援の4ターゲットとして、以下に示す子育ちの支援、親育ちの支援、親子関係（子育て・親育て）の支援、育む環境の育成（家庭・地域）を挙げている。それゆえに、保育者には親子の育ちの支援や親子関係の支援を行うとともに、地域で子育てしやすい地域社会の環境を作り出していくように社会へ働きかけることが期待されている。

1．子ども自身の成長・発達の支援、すなわち子育ちの支援。
2．親になるためあるいは一人の社会人としての生活の支援、すなわち親育ちの支援。
3．親子関係の支援、すなわち子育て、親育て。
4．これらの三つが存在する家庭および地域社会、すなわち育む環境の育成。

② 地域の子育て家庭に対して行われる子育て支援

　保育所保育指針「第4章 子育て支援」の「3　地域の保護者等に対する子育て支援」では、地域の子育て家庭に対する子育て支援に努めるよう示している。

(1)　地域に開かれた子育て支援
　ア　保育所は、児童福祉法第48条の4の規定に基づき、その行う保育に支障がない限りにおいて、地域の実情や当該保育所の体制等を踏まえ、地域の保護者等に対して、保育所保育の専門性を生かした子育て支援を積極的に行うよう努めること。

　また、児童福祉法では地域の子育て家庭に対して行われる保育所における子育て支援について、「保育所は、当該保育所が主として利用される地域の住民に対してその行う保育に関し情報の提供を行い、並びにその行う保育に支障がない限りにおいて、乳児、幼児等の保育に関する相談に応じ、及び助言を行うよう努めなければならない」（第48条の4）と規定している。
　このような、地域の子育て家庭に対して保育所が行う子育て支援においては、たとえば手遊び、絵本の読み聞かせ、親子遊びなどの親子の関わり場面を通して助言したり、行動見本を提示したりして、子どもとの適切なかかわり方を示すなど、保育所の特性を生かした支援が展開されている。
　そのほか、食事や排泄などの基本的生活習慣の自立に関する相談に応じたり、離乳食づくりや食育等に関する助言を行ったりしている。また、子どもの心身の健康の理解、栄養管理、子どもとのかかわり方など、子ども・子育てに関する講座も行われている。
　このように保育所の役割には、保育所に入所する子どもやその家庭に対する支援だけでなく、地域の子育て家庭（保育所を利用していない子育て家庭）に対する子育て支援の役割も担っている。
　保育士にはその専門性である保育や子育てに関する知識や技術を活用し、保育所の保育環境を生かしながら子ども家庭支援を行うことが求められており、それは地域の子ども家庭に対しても同じである。そして、そうした支援

を行う際には、保護者が子どもの成長に気づき、子育ての喜びを感じられるように支援する必要がある。支援の際には、保護者の気持ちを受け止め、相互の信頼関係を基本に保護者の自己決定を尊重するとともに、保育所全体で協働して支援する体制、すなわちチームワークを大切にした支援が重要になる。

③　関係機関と連携した子育て支援

前述の保育所保育指針「第4章 子育て支援」の3　地域の保護者等に対する子育て支援」では、地域の関係機関や様々な人材と連携して行う地域の子育て家庭への支援について示されている。

---

(2)　地域の関係機関との連携
　ア　市町村の支援を得て、地域の関係機関等との積極的な連携及び協働を図るとともに、子育て支援に関する地域の人材と積極的に連携を図るよう努めること。
　イ　地域の要保護児童への対応など、地域の子どもを巡る諸課題に対し、要保護児童対策地域協議会など関係機関等と連携及び協力して取り組むよう努めること。

保育所においては、子どもの育ちにかかわるニーズ、子どもを育てている親自身の育ちに関するニーズ、子どもへのかかわり方や親子関係に関するニーズ、子ども・子育て家庭を取り巻く地域社会における社会制度・サービス利用に関するニーズなど、個別のニーズを把握することが大切である。

しかし、さまざまな要因が複雑に絡み合って生活上の問題が生じている子ども・子育て家庭の個別ニーズの把握は、たとえ高度な専門性を身につけた専門職でも容易ではなく、極めて困難であることの方が多い。それは、支援の必要性があるにもかかわらず、本人がそれを実感していないケースも多く存在するからである。したがって、そうした潜在ニーズを発見し、社会的判断と専門的判断によってそれに対処するソーシャルワークが求められることになる。さらに、子育て家庭の抱えているニーズに対して適切なサービスを確実に提供し、利用できるように子育て家庭とサービスを提供する機関との連絡・調整を行い、両者をつないでいく役割が期待される。

このため保育士には、ソーシャルワークの基本的な姿勢や知識、技術等の習得、さらにそれらを援用しながら関係機関や関係者と連携・協力しながら支援を展開するといった、専門的力量が求められている[3]。

🔍 まとめてみよう

> ①　地域子育て支援拠点事業の基本4事業についてまとめてみよう。
> ②　地域子育て支援拠点事業における講習会について、自身が暮らす地域ではどのようなものが開かれているか調べてみよう。
> ③　地域の子育て家庭の支援を行ううえで、どのような関係機関と連携・協力することが必要か考えてみよう。

【引用文献】
1）柏女霊峰監　全国保育士会編『全国保育士会倫理綱領ガイドブック』全国社会福祉協議会　2004年
2）厚生労働省「地域子育て支援拠点事業実施のご案内（実施ガイド）」厚生労働省雇用均等・児童家庭局総務課少子化対策企画室　2007年
3）厚生労働省「子ども・子育て　子育て支援　地域子育て支援拠点事業について　地域子育て支援拠点事業とは（概要）」2013年
4）山縣文治『子ども家庭福祉論（第2版）』ミネルヴァ書房　2016年

【参考文献】
伊藤嘉余子編『子どもと社会の未来を拓く　相談援助』青踏社　2013年
新川泰弘『地域子育て支援拠点におけるファミリーソーシャルワークの学びと省察』相川書房　2016年
新川泰弘「地域子育て支援拠点利用者の子育て環境と利用者ニーズとの関連性―ソーシャルワークの視点から―」『子ども家庭福祉学』第18号　日本子ども家庭福祉学会　pp.1－13　2018年
才村純・加藤博仁編『子ども家庭福祉の新展開［第二版］』同文書院　2019年
才村純・芝野松次郎・新川泰弘・宮野安治編『子ども家庭福祉専門職のための子育て支援入門』ミネルヴァ書房　2019年
芝野松次郎『ソーシャルワーク実践モデルのD＆D―プラグマティックEBPのためのM－D＆D』有斐閣　2015年
山縣文治「子ども家庭福祉とソーシャルワーク」『ソーシャルワーク学会誌』第21号　2011年　pp.1－13
上田衛編『保育と家庭支援［第2版］』みらい　2016年

コラム

子育ての不安感や負担感に関係している要因

　子育ての不安感や負担感には、どのような要因が関係しているのだろう。奈良県では、奈良県民の結婚や子どもを持つこと、子育てに関する意識や現状を把握し、子どもを生み育てやすい環境づくりを進める取組を検討するための基礎資料を得ることを目的に調査が実施された。そして、その調査結果を取りまとめた『奈良県結婚・子育て実態調査報告書　概要版』が、2019（平成31）年に公表されている。

　調査の結果、パートナーが良好な関係を築くために努力していると、妻の子育ての心理的な不安感や負担感が低くなったことが明らかになった。そして、こうした結果は、当然予測されたことである。しかし、問題となったのは、パートナーとの関係と、子育ての経済的な不安・負担感や周囲からの孤立感が相関しているという結果である。

　パートナーとの良好な人間関係が、子育ての心理的な不安・負担感だけでなく、経済的な不安・負担感や社会的孤立感を抑制することは注目に値する。それゆえに、パートナーが互いに努力して良好な関係を築けるような子育て家庭への支援を活発化していくことも、今後の子ども・子育て家庭への支援に関する施策を考えていく上で、重要な課題となると思われる。

　次に、子育ての不安・負担感と子育て支援に関する満足度の相関について調査結果を分析した結果、子育てをしていて周囲から孤立していると感じている人の方が、そうでない人より、親子を対象とした地域における子育て支援事業、自然・社会体験、ボランティア、スポーツ活動など子どものための事業について、満たされていないと感じていることが明らかにされている。

　この結果は、社会から孤立しているほど、子育て支援の制度・サービスへの認知度が低いことを示唆している。

　認知度を高めれば、孤立感を低下させることにつながるのであるが、そのためには、社会から孤立している子育て家庭が、保育や子育て支援の制度・サービスの利用を希望する際に、ニーズとサービスを確実につないでいく子育てコーディネートやケースマネジメントといったソーシャルワークの役割が、保育士など子ども・子育て家庭を支援する専門職に今後ますます求められるのである。

文献：奈良県福祉医療部こども・女性局女性活躍推進課（2019）『奈良県結婚・子育て実態調査
　　　報告書　概要版』奈良県福祉医療部こども・女性局女性活躍推進課

第7章 さまざまな子ども家庭の理解と支援

✎ いろいろな親子と家庭のカタチ

みずよ先生 みらいさんは、今の日本で子どものいる家庭というと、その家庭にいる家族には誰がいると思いますか？

みらいさん えーと、まずは両親と子ども、それに祖父母がいることもあるのかな…と思います。

みずよ先生 そうですね。その両親というのは法律上、子どもとどんなつながりだと思いますか？

みらいさん 子どものお父さんとお母さん、二人が結婚つまり婚姻して、その子が生まれたっていうことだから……、そう、血縁関係、血族の親子っていうつながりだと思います！

みずよ先生 そうですね。これまでも学習したように日本では民法で婚姻、離婚、親子などについて定められているから、復習しておくとよいですね。それでは血族で、母親から生まれた実の子、つまり実子だけが親子でしょうか？

みらいさん いえ、養子もいます。そういえば、血縁関係はなくても法的に実子になる特別養子縁組もありました。

みずよ先生 それは新たに子ども、家族を迎え入れて、その子の家庭をつくっていくということになりますね。子どものいるひとり親の再婚もあります。こうして丁寧にとらえてみると、いろいろな子どものいる家庭がありますね。

みらいさん そうか、子どものいる家庭といっても、両親がいるとも限らないし、血のつながりがひとりの親だけとか、まったくないこともあるのですね。

みずよ先生 日本では血縁関係が重視されていて、両親がそろっているのが当たり前というとらえ方が強いため、そうでない家庭の子どもと親はいろいろな負担感や困難をもっていると考えられます。でも子どもにとっての家庭にはさまざまな関係と形があるのです。保育士はそれらの知識をもって支援することが大切ですね。

子ども家庭のさまざまな形

● さまざまな形の家庭と保育士の支援

　一般的に子どものいる家庭というとき、結婚（婚姻）した父母と血族の子で構成され、その父母子は民法や戸籍法による手続きがとられた夫婦・親子として社会的に認められているという形をイメージすることが多い。

　しかし今日では、親の状況からみても両親のいる家庭だけでなく、ひとり親、未婚の親、同性カップルの親、再婚の親、事実婚の親、養子縁組した親、里親などの社会的養護の親などさまざまな家庭が存在し、身近にあり得る家庭の形になってしまう。そして子どもは、子ども自身の意志ではなく、親の事情によって、個々の家庭の形において育つことになる。

　保育者はそれぞれの家庭が子どもにとって最善の育ちの環境になるよう、親子それぞれの気持ちに寄り添い、社会資源の活用もしながら支援することが大切である。本章では、さまざまな親の子どものいる家庭の形とその特徴や課題等について理解し、保育者の支援を考えていく。

 # ひとり親家庭における支援の展開

● ひとり親家庭の現状と課題

▼ひとり親家庭とは

　厚生労働省等の各種調査では、「母子世帯とは父のいない児童（満20歳未満の子どもであって未婚のもの）がその母によって養育されている世帯」のことであり、「父子世帯とは母のいない児童がその父によって養育されている世帯のこと」とされている。本章ではそれらをそれぞれ母子家庭、父子家庭とし、双方をあわせてひとり親家庭とする。

▼増え続けるひとり親家庭

　総務省統計局「平成27年国勢調査結果」によると、ひとり親家庭は、母子・父子以外の同居者もいる世帯を含めると123万世帯を超えている。このうち母子のみの家庭は約75万世帯で、近年わずかに減少しているが、そのうち未婚の母の家庭は急増している。父子のみの家庭は約8万世帯で、年々増加している。

表7－1　ひとり親家庭の現状

		母子世帯	父子世帯
1	世帯数［推計値］	123.2万世帯	18.7万世帯
2	ひとり親世帯になった理由	離婚　79.5% 死別　8.0%	離婚　75.6% 死別　19.0%
3	就業状況	81.8%	85.4%
	就業者のうち正規の職員・従業員	44.2%	68.2%
	うち自営業	3.4%	18.2%
	うちパート・アルバイト等	43.8万円	6.4%
4	平均年間収入［母又は父自身の収入］	243万円	420万円
5	平均年間就労収入［母又は父自身の就労収入］	200万円	398万円
6	平均年間収入［同居親族を含む世帯全員の収入］	348万円	573万円

※：「平均年間収入」及び「平均年間就労収入」は、平成27年の1年間の収入。
※：集計結果の構成割合については、原則として、「不詳」となる回答（無記入や誤記入等）がある場合は、
　　分母となる総数に不詳数を含めて算出した値（比率）を表している。
資料：平成28年度全国ひとり親世帯等調査
出典：厚生労働省子ども家庭局家庭福祉課「ひとり親家庭等の支援について」2019年　p.3一部抜粋
　　　https://www.mhlw.go.jp/content/000532272.pdf

表7－2　未婚の母数の推移

未婚の母	2000年	2005年	2010年	2015年
総数（万人）	6.3	8.9	13.2	17.7

未婚の母		2000年～2005年	2005年～2010年	2010年～2015年
増加数（万人）	－	2.6	4.3	4.5
増加率（%）	－	42.0	48.2	33.8

資料：総務省統計局「2015年国勢調査人口等基本集計」第11表
　　　総務省統計局「2010年国勢調査産業等基本集計」第29表
　　　総務省統計研修所　2000年、2005年国勢調査特別に集計した結果
出典：総務省統計研修所「シングル・マザーの最近の状況（2015年）」2017年　p.22一部改変
　　　https://www.stat.go.jp/training/2kenkyu/pdf/zuhyou/single5.pdf

▼ひとり親家庭になる理由

　ひとり親家庭に至る背景には、死別・離別・行方不明・未婚の母がある。
　ひとり親になる理由としてかつては死別がもっとも多かったが、1970年代半ばでは死別よりも離別が多くなり、近年では母子家庭・父子家庭ともにもっとも多い理由は離婚であり約7～8割になる。

▼ひとり親家庭の子ども

　子ども数では、母子家庭、父子家庭ともに、子ども1人が半数以上を占め、子ども2人をあわせると約9割になる。ひとり親になったとき、末子が就学前の幼児であることが多く、末子の平均年齢は、母子世帯では4.4歳、父子世帯では6.5歳であり、ひとり親になったことを幼児期にどのように理解す

図7－1　ひとり親家庭の最年少の子どもの年齢別割合

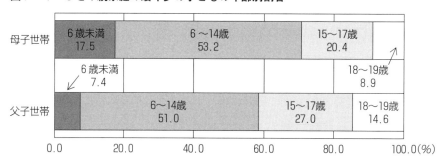

出典：総務省統計局「平成27年国勢調査 世帯構造等基本集計結果 結果の概要」2017年　p.13
　　　https://www.stat.go.jp/data/kokusei/2015/kekka/kihon3/pdf/gaiyou.pdf

表7－3　ひとり親本人が困っていること（もっとも困っていること）

		総数	住居	仕事	家計	家事	自分の健康	親族の健康・介護	その他
母子世帯	平成23年 （100.0）		(13.4)	(19.1)	(45.8)	(1.5)	(9.5)	(5.1)	(5.7)
	平成28年 1,543 （100.0）		147 (9.5)	210 (13.6)	778 (50.4)	35 (2.3)	200 (13.0)	104 (6.7)	69 (4.5)
父子世帯	平成23年 （100.0）		(7.8)	(17.4)	(36.5)	(12.1)	(9.9)	(8.8)	(7.5)
	平成28年 267 （100.0）		12 (4.5)	41 (15.4)	102 (38.2)	43 (16.1)	27 (10.1)	34 (11.6)	11 (4.1)

注：総数は「特にない」と不詳を除いた値である。
出典：厚生労働省「平成28年度 全国ひとり親世帯等調査結果報告（平成28年11月１日現在）」2017年　p.87
　　　https://www.mhlw.go.jp/file/06-Seisakujouhou-11920000-Kodomokateikyoku/0000190327.
　　　pdf

るのか、そのための子どもへの支援は重要であるといえよう。

▼ひとり親家庭の課題

　ひとり親家庭でしばしば課題にあげられるのが、就業状況と収入である。母子・父子家庭とももっとも困っていることとして「家計」をあげており、次いで母子家庭は「仕事」と「自分の健康」、父子家庭は「家事」と「仕事」となっている。「平成27年国勢調査結果」では、母子・父子家庭ともにひとり親家庭になる前に比べて就労率は高く８割を超えている。母子家庭の就業形態では、正規雇用35.9％、非正規雇用38.9％であり、15歳以上の女性全体と比べて非正規雇用の割合が高いわけではないが、収入は一般家庭よりも低い。

　また、ひとり親家庭の子どもについての悩みとしては、母子・父子家庭ともに「教育・進学」がもっとも多く、次いで「しつけ」となっている。

表 7 － 4　ひとり親家庭が抱える子どもについての悩み

	しつけ	教育・進学	就職	非行・交友関係	健康	食事・栄養	衣服・身のまわり	結婚問題	障害	その他
母子家庭	13.1	58.7	6.0	3.0	5.9	2.6	0.8	0.4	4.3	5.2
父子家庭	13.6	46.3	7.0	1.8	6.6	7.0	4.8	2.2	2.9	7.7

注：総数は「特にない」と不詳を除いた値である。
出典：厚生労働省「平成28年度　全国ひとり親世帯等調査結果報告（平成28年11月1日現在）」2017年　p.86一部改変

表 7 － 5　ひとり親世帯の相談相手の有無

		総数	相談相手あり	相談相手なし	相談相手が欲しい	相談相手は必要ない
母子世帯	平成23年(100.0)		(80.4)	(19.6)(100.0)	(61.8)	(38.2)
	平成28年2,008(100.0)		1,606(80.0)	402(20.0)(100.0)	242(60.2)	260(39.8)
父子世帯	平成23年(100.0)		(56.3)	(43.7)(100.0)	(50.4)	(49.6)
	平成28年384(100.0)		214(55.7)	170(44.3)(100.0)	92(54.1)	78(45.9)

注：総数は「特にない」と不詳を除いた値である。
出典：厚生労働省「平成28年度　全国ひとり親世帯等調査結果報告（平成28年11月1日現在）」2017年　p.87

　就業状況や収入の程度等は、暮らし向きや生活ストレスにつながることが懸念される。家計と仕事という生活基盤に困難さをもちながら、子どもの教育やしつけなど子育てに悩むひとり親家庭にとって、相談機関や身近な相談相手は必要であるといえる。

　ひとり親家庭の相談相手の有無では、特に父子家庭で「相談相手がない」のは44.3％であり、そのうち「相談相手が欲しい」のは半数を超えている。経済的な支援策だけでなく安定的な就業のための支援、家事育児などの支援や相談窓口等との連携等が求められているといえる。

① 突然父子家庭になった親子への支援

▼ ねらい ▼

　子どもにとって親の死や離婚を理解することは難しく、親の役割、生活のあり方、過ごし方などさまざまな家庭環境の変化を受け入れることも時間を要する。また父子家庭は母子家庭と困難さを経済面のみで比較されることが多いが、「家事」「仕事」に困る割合は母子家庭よりも高い。家庭機能が突然変化した場合、子どもへのかかわりだけでは解決しないこともある。ニーズを多面的に検討し、社会資源の情報提供や活用を支援する視点をもつことが大切である。本事例では、保育において親子の現状の何をとらえ、どのように支えるとよいか考えることをねらいとする。

事例

　H太は4歳、両親と3人暮らしだったが、約2か月前に母親を事故で亡くしている。このたび、登園を再開し、延長保育と休日保育を利用することになった。父親のAさんは、これまでより40分早く登園し、朝食のパンをもたせてくることもあった。H太は時々、「お母さんがいなかったからパンをもってきた」などと友だちに話したりしていた。また読み聞かせ時にうとうとして寝転んだり、延長保育時に不機嫌になったりした。お迎えは少し遅れるという連絡がたびたびあり、AさんはH太にも園にも何度も謝り、疲れた様子であった。

　園では、H太が母親の死を生活感覚のなかではまだ曖昧に受け止めていると考えた。園に巡回訪問指導に来ている心理職にもアドバイスを受け、しばらくはH太の感じたままを受けとめ、お絵描きなどの表現遊び、ごっこ遊びなどで保育士も一緒にかかわり、遊びを通して話をよく聴くことにした。またAさんをねぎらい、園でH太が食事や午睡を十分にとれるようにする等、基本的な生活と心理面の安定に配慮した。次第にH太は落ち着き朝食も食べてくるようになったが、お迎えが遅れがちなのは変わらず、Aさんは仕事とお迎えの調整に悩んでいるようだった。

　そこで改めてAさんと面談することにした。Aさんは帰宅から就寝までH太中心に食事や遊び相手をして過ごし、その後で、翌日の食事の用意や仕事

をするなど、かなり努力しているようだった。また発熱や病気のときにどうすればよいか、これから何をどう教えたりしつければよいかわからないなど、不安に思っていた。

①支援の展開

　園では、暮らしの変化の影響が子どもにどのようにあらわれているか、心身の状態や遊び、他児とのかかわりなどを注意深く観察しながら見守る。また同時に、それを手がかりに家庭の状況を推し量って親をねぎらうこと、さりげない情報収集によって、まずは園としてできることなどを検討する。必要に応じて園とかかわりのある機関や相談支援サービスなどとも連携するとよいだろう。

　本事例の場合、園ではAさんの思いや努力を受けとめ、引き続きH太がゆっくり安心して過ごすことができるように配慮していくことを伝えること、市の子育て便利帳等を活用し、一般家庭でもいろいろなサービスを活用して子育てしていると説明し、自分だけで解決しようと思わないで、園も一緒に考えていきたいという姿勢を伝えることも大切である。また園では市役所や社会福祉協議会等に問い合わせ、地域の父子家庭やひとり親家庭の自助グループについての情報を集め、説明できるとよいだろう。

②着目点：子どもの喪失体験と保育での支援

　親の死や離婚等は、その人や親族との別れだけでなく、引っ越しや転園など親しんだ物や生活環境との別れなど、さまざまな喪失がある。これにともなう喪失感についてはさまざまな研究がある。ボウルヴィによると、人は愛着を喪失した際、抗議期、絶望期、離脱期の3段階を経て、新しい対象を見出して再び心を立て直すという。これは失った対象を取り戻したいと思う悲哀のプロセスであり、子どもだけでなくおとなも同様だとされている。またキュブラー・ロスも、人は年齢に関係なく、直面する悲しみを克服するには、否認、攻撃、取り引き、抑うつ、受容の5段階を経なければならないとし、特に子どもに必要なのは、喪失体験を新たに冷静にとらえ、本当の意味で克服することだとしている。

　喪失体験をした子どもが現実を受け入れるための適切な情報が与えられなかったり、悲しみや怒り、親への思い等の感情を受け止める援助がなされなかったりすると、子どもは気持ちを抑え込んだり、おとなが予想もしないような理由（たとえば、自分のせい、自分が悪い子だから、自分が～と言ったから等）で現実を理解してしまうことがあるため注意すべきという。このような原因帰属は、子どもの自尊感情に影響を与えると考えられており、適切

に支援することはとても重要である。

　保育士は子どもの悲しみや否定、怒りなど感情の意味に留意しながら受容的にかかわり、園全体で現実を受け入れる支援をする。また言葉によるだけでなく、その子どものしていることに関心を向ける、一緒に過ごしたり遊ぶ、年齢が低い場合は抱っこやスキンシップをとるなど、かかわりを工夫するとよいだろう。

③学び

　ひとり親家庭への子育てや生活支援関連の事業には、表7－6のようなものがある。

表7－6　ひとり親家庭の子育て・生活支援関係の主な事業

母子・父子自立支援員による相談・支援		ひとり親家庭及び寡婦に対し、生活一般についての相談指導や母子父子寡婦福祉資金に関する相談・指導を行う。
ひとり親家庭等日常生活支援事業		修学や疾病などにより家事援助、保育等のサービスが必要となった際に、家庭生活支援員の派遣等を行う。
ひとり親家庭等生活向上事業	相談支援事業	ひとり親家庭等が直面する様々な課題に対応するために相談支援を行う。
	家計管理・生活支援講習会等事業	家計管理、子どものしつけ・育児や健康管理などの様々な支援に関する講習会を開催する。
	学習支援事業	高等学校卒業程度認定試験の合格のために民間事業者などが実施する対策講座を受講している親等に対して、補習や学習の進め方の助言等を実施する。
	情報交換事業	ひとり親家庭が定期的に集い、お互いの悩みを相談しあう場を設ける。
	子どもの生活・学習支援事業	ひとり親家庭の子どもに対し、放課後児童クラブ等の終了後に基本的な生活習慣の習得支援、学習支援や食事の提供等を行い、ひとり親家庭の子どもの生活の向上を図る。
母子生活支援施設		配偶者のない女子又はこれに準ずる事情にある女子及びその者の監護すべき児童を入所させて、これらの者を保護するとともに、これらの者の自立の促進のためにその生活を支援し、あわせて退所した者について相談その他の援助を行うことを目的とする施設。
子育て短期支援事業		児童の養育が一時的に困難となった場合に、児童を児童養護施設等で預かる事業。

出典：厚生労働省子ども家庭局家庭福祉課「ひとり親家庭等の支援について」2019年　p.20一部抜粋

ケース
2

事例から考えてみよう

母子家庭の子どもへの支援

▼ ねらい ▼

　ひとり親や未婚の母の家庭は、父母の事情や状況が背景にあり、その関係性により否定的感情をともなうことが多い。子どもにとって、実父母とも自分自身の存在を形づくるものであり、一方への非難や否定は、子どもへの非難や否定につながることに留意しなくてはならない。保育士には、園とかかわりのある親のみに同調することなく、中立的に父母を認めるあり方が求められ、それは子どもの成長に影響すると認識しておくことが重要である。また園にはさまざまな家庭や家族構成の子どもがいることを念頭に、活動や行事において、どのような工夫が必要か考えてみよう。

事例

　T美は5歳、両親は3年前に性格の不一致で離婚し母親が親権をもった。実父は離婚後もT美のことを気にかけ面会交流をしており父子関係は良好のようだった。T美は3歳の頃、保育士に「パパはお仕事でいないから」と言っていたが、最近では「パパともっと別の所で遊びたいけど行けないって」「パパとブロックで大きな基地つくって楽しかったよ。でもママに話したら機嫌が悪くなるから……」などと言うようになっていた。保育士は、T美が両親の離婚について理解できていないことや、母親の父親を否定するような態度に子どもながらに気をつかっていると感じた。保育士は、どうしてそうなるのかではなく、父を思慕するT美の気持ちに着目して受容し、父母ともにT美を大切だと思っていると話した。

　また、園にはT美だけでなく、ひとり親家庭、未婚の母などの子どもが何人かいて、子どもにあらわれる退行、攻撃性などの変化をどのように支えるのかが課題になっていた。

①支援の展開

　園では、ひとり親家庭の生活困難への支援のための情報提供をすることや親の子育ての大変さを受容し、親とともに子育てをするという方針のもとに取り組むことが大切である。その際の留意点として、①理由についての詮索

をしない、②保育場面では一方の親や特定の親族の話を聞くことが多いため、受容的態度は基本であるが、安易な肯定や同調を避ける、③双方の親に公平に対応すること等を職員間で確認しあうことが大切である。

　子どもへの説明は親が繰り返しすることで、子どもは理解していくが、離婚や未婚の母の場合、保育士が説明にかかわることは難しい。園では幼児期において、子どもの心の安定と成長を支えることがもっとも重要と位置づけ、たとえ一方の親がもう一方の親を否定し、関係のない人とみなしていたとしても、子どもにとっては両者とも自分の一部であるという認識をもってかかわる。また子どもの成長を視野に入れ、面会交流のあり方や子どもの自尊感情などについて学び、親子の支援に生かしていくとよいだろう。

②着目点：否定される体験と子どもの自己肯定感

　子どもは幼くても、家族の誰がいないかなど、自分と他児の家庭が異なっていることを感じて知っている。また感情的な対立を引きずっていることの多い離婚の場合、たとえば子どもとの面会交流の前後にともに住んでいる親の機嫌が悪くなるのを見たり、一方の親への非難を聞いたりするなど、その関係性に敏感になる。この状況は子どもの言動がきっかけになることもあり、親の思いとは別に子どもに向けられる否定の体験になってしまう。

　この子どもを否定する体験は、子どもの自尊心に影響する。スザンネ・シュトロバッハは、たとえば離婚のように子どもと養育問題について両親が対立し、子どもを無視して解決してしまうことによって、子どもは自分を非難したり自分を疑ったりする気持ちが心の奥底で温められると同時に自尊心が低くなるとし、重要なのは子どもの自尊心を育むこと、そのための支援を適切にすることだという。

③学び：親権と子どものための面会交流など支援のあり方

　日本では子どもに対して、婚姻中は父母が共同の親権をもつが、離婚する場合はどちらかを選んだ単独親権になる。特に幼児期の離婚の場合、子どもの生活環境への影響を考慮し母親が親権をもつ場合が約8割になる。しかし近年では親権にかかわらず、父親にも子どもの成長を経済的・情緒的に支えていきたいという気持ちがあることや、子どもの成長における父親の役割の重要性から、離婚後も両親との関係を維持できることが大切だと認識されるようになった。

　面会交流は、子どもにとって、離婚した双方の親から大切にされ、愛されていると感じることのできる大切な機会であり権利ともいえる。愛されることを感じる体験によって子どもは自己肯定感を育むことができ、それは健やかな成長のために必要である。面会交流を「よい体験」とするにはどのよう

なことに留意すべきか。この課題に対し、たとえば東京都では表7－7のように周知している。

　厚生労働省「平成28年度全国ひとり親世帯等調査」によると、面会交流の取り決めをしているのは、母子家庭24.1％、父子家庭27.3％で、取り決めをしていない場合が多かった。そのもっとも大きな理由として、母子家庭・父子家庭ともに上位2つが「相手とかかわり合いたくない」と「取り決めをしなくても交流できる」で約5割を占め、親の都合によることが多かった。実施頻度は「月2回以上」は母子家庭13.1％、父子家庭21.1％、「月1回以上2回未満」は母子家庭23.1％、父子家庭20.0％であった。

　ひとり親家庭への支援は、生活支援の福祉サービスが中心であり、子どものアイデンティティや自己肯定感に着目したケアとしての支援はほとんどない。その重要性を離婚した親にも理解してもらい、特に幼児期において専門職のアドバイスやケアを受けながら、子どもにとって良好な経験としての面会交流などを継続できる支援体制が望まれる。

表7－7　面会交流での留意点

面会交流にあたって双方の親が気をつけること
・それぞれの親について、子どもに悪く言わない。
・親同士のいさかいの場に子どもを置かないようにする。
・互いの家庭の状況を探るようなことを、子どもに聞かない。
・子どもに互いの親への伝言の役割をさせない。
・面会日や時間、場所など約束したことは守る。
・子どもの父母の役割に徹し、元夫婦間の過去の話はしない。
離れて暮らす親が気をつけること
・面会交流の日にちや頻度、方法などは子どものペースで行う。
・面会日以外に、直接子どもを訪ねたり、連絡しない。
・面会するときは、子どもに無理強いしてまで「親」（お父さん・お母さん・パパ・ママなど）と呼ばせない。
・子どもが精神的に負担になるような、高価なプレゼントやお小遣いなどは渡さない。
一緒に住んでいる親が気をつけること
・子どもが面会交流に出かけるときは、温かく送り出す。
・面会してきた子どもをほめるだけにして、面会中のことは、細かく聞き出さない。
・可能であれば面会交流がスムーズにいくよう、子どもの普段の様子を別れた親に伝えておく。

出典：東京都ひとり親家庭支援センターはあとウェブサイト「ひとり親家庭サポートガイド」一部改変
　　　http://www.fukushihoken.metro.tokyo.jp/kodomo/hitorioya_shien/kankoubutu/supportguide.files/
　　　supportguide.pdf

新たな親子関係をつくる家庭への支援

● 新たな親子関係をつくる家庭の現状と課題

▼ステップファミリーとは

　ステップファミリー（stepfamily）とは、ひとり親家庭の父母である男女が再婚することによって継親子関係が生まれた家庭をいう。再婚者のどちらかの子どもが家族になる場合、再婚者の双方の子どもが家族になる場合、さらにその家族に新たに子どもが生まれた場合など、さまざまな形がある。

　子どものいる再婚の正確な統計はないが、厚生労働省の「婚姻に関する統計」によると、婚姻に占める「夫婦とも再婚又はどちらか一方が再婚」だった割合は2015（平成27）年には26.8%（約17万組）と4分の1に達していることからステップファミリーは相当数いると思われる。

▼ステップファミリーの家族関係の特徴

　野沢慎司があげたステップファミリーの3つの特徴の要点を以下に示す。

①喪失経験に加えて、新たな関係がはじまる

　幼い子どもは、離別や死別など、親との別れの理由を理解することが難しい場合が多い。喪失体験を克服できないまま親の再婚により新たな家族関係をつくることになる。

②親子関係と夫婦関係を同時に形成させていく

　初婚では先に夫婦関係をつくるが、ステップファミリーでは再婚をきっかけに夫婦関係も親子関係も同時に作り始める。それまでの互いの習慣や考え方などの違いから遠慮や気づかいが生まれたり、関係づくりに難しさを感じたりする。

③家族関係が多く複雑になる

　たとえば子どもにとって祖父母だけでも6人になる等、親子はそれまでの血族の親や親族と多くの関係をもつことになり関係性も複雑になる。

　これらのことに留意して支援することが大切である。

▼養子縁組制度とは

　養子縁組には普通養子縁組、特別養子縁組がある。普通養子縁組は戸籍に養親と実親が並記され、実親と法律上の関係は残るが、養親とは法定親子関係があるとして法律上の親子となることができる縁組形式である。実親の告知などが課題となる。

　特別養子縁組は、積極的に子どもの福祉を推進するために1987（昭和62）

表7−8　普通養子縁組と特別養子縁組の違い

普通養子縁組	特別養子縁組
【縁組の成立】 養親と養子の同意により成立。	【縁組の成立】 養親の請求に対し家庭裁判所の決定により成立。実父母の同意が必要（ただし実父母が意思を表示できない場合や実父母による虐待など養子となる者の利益を著しく害する理由のある場合は、この限りでない）。
【要件】 養親：成年に達したもの。 養子：尊属または養親より年長でない者。	【要件】 養親：原則25歳以上（夫婦の一方が25歳以上であれば、一方は20歳以上で可） 養子：原則、15歳に達していない者。15〜17歳の縁組も本人の同意によって例外的に認める。 子の利益のために特に必要があるときに成立。
【実父母との親族関係】 実父母との親族関係は終了しない。	【実父母との親族関係】 実父母との親族関係が終了する。
【成立までの監護期間】 特段の設定はない。	【成立までの監護期間】 6月以上の監護期間を考慮して縁組。
【離縁】 原則、養親及び養子の同意により離縁。	【離縁】 養子の利益のため特に必要となるときに、養子、実親、検察官の請求により離縁。
【戸籍の表記】 実親の名前が記載され、養子の続柄は「養子（養女）」と記載。	【戸籍の表記】 実親の名前は記載されず、養子の続柄は「長男（長女）」等と記載。

出典：厚生労働省「普通養子縁組と特別養子縁組のちがい・特別養子縁組の成立件数・参照条文」一部改変（2019年6月の制度改正に伴う）
https://www.mhlw.go.jp/file/06-Seisakujouhou-11900000-Koyoukintoujidoukateikyoku/0000169448_1.pdf

年の民法改正で創設された（翌年施行）。戸籍に子と実父母やその血族との親族関係は記載がなくなり法律上の関係も終了するため、実親子と同様になる縁組形式であり、子どもの利益を図る観点から、夫婦であることや年齢、養子の条件や実親との法的関係の断絶など厳密な要件が定められている。

　この特別養子縁組制度は近年、家庭養育できない子どもの永続的解決のあり方として推進されている。2016（平成28）年「子どもが権利の主体である」と位置づけた「児童福祉法等の一部を改正する法律」が成立し、子どもの家庭養育が優先される原則が明記されたが、これを受けて、2017（同29）年に今後の社会的養育のあり方を示す「新しい社会的養育ビジョン」とそれに至る工程が報告された。そのなかでは、実親による養育が困難であれば、特別養子縁組による永続的解決（パーマネンシー保障）や里親による養育を推進することが示され、年齢要件や手続き、支援体制、養親希望者の増加対策などが検討されたのである。

　最高裁判所「司法統計」によると、特別養子縁組の成立数は、年間300件前後で推移してきたが、2015（平成27）年には542件、2017（同29）年には

616件となっている。社会的養育ビジョンによると概ね5年以内（2023（令和5）年頃までに）、現在の2倍の年間1000人以上の特別養子縁組成立をめざすことになっている。

▼新たに家庭をつくる子育て家庭の課題

　父母子という家族構成からは、血縁などの家族関係について子どもがどう認識しているのかなどや、親子それぞれが悩みをもっていることもわかりにくい。

　ステップファミリーの場合、子どもにとって新たな親との関係づくりは、実親の否定につながると感じることがあり葛藤が生じやすい。親は子育てに責任を感じたり、子どもが懐かず焦ったりと、関係づくりに悩むことが多い。

　養子縁組や特別養子縁組の場合でも、子どもの喪失体験や試し行動、真実を知らせること等の悩みなどをもっており支援を必要としている。

ケース 3 事例から考えてみよう

ステップファミリー親子への支援
—お父さんと呼べなくて—

▼ ねらい ▼

　家庭をつくるプロセスは、新たな家庭への期待と夢からはじまるが、子どもにとっては突然「親」と呼ぶ人が増えることでもある。実親の存在は子どものなかにあり、新たな親を「お父さん、お母さん」と呼ぶことにためらいを感じることも少なくない。ときには拒否的な態度になり、それを親は懐かないと感じて悩む。保育者は親子それぞれにどう応じるとよいか考えてみよう。

📝事例

　Ｓ也の家族は、2か月前に引っ越しをしてきた。入園後間もなく保育参観があり、両親で来園した。父親が手をつなごうとしたとき、Ｓ也は手をよけて行ってしまい、ふと父親は「せめてパパって呼んでくれるといいんですけどね…」と呟いた。

　後日、母親のＢさんが保育士に相談をもちかけた。Ｓ也が家庭で少しのことでぐずり、Ｂさんに反抗的な態度を示したり、父親にも懐かないなど、どうしたらよいかわからないという。Ｂさんによると、Ｓ也はＢさんの連れ子で3か月前に再婚した。父親は優しい人だが、Ｓ也は打ち解けず、母親にも

反抗してくる。「夫に申し訳ない気がして、『しっかりしつけなくては』という思いもあり、つい叱ってばかりいる。せっかくS也を認めてくれて再婚したのに、このままでいると家族になれないのではと思ってしまう」と話した。

①支援の展開

　保育士は、母親の焦る気持ちを受け止めたうえで、ときには親子の絆のためには、何気ない時間を一緒に過ごすことを重ねることも大切である等のアドバイスもよいだろう。たとえば子どもと一緒に遊んだり本を読んだり料理をしたり、その子のための時間と関係をもつことなど、具体的に提案する。

　しかし、接し方だけではない背景があることもある。子どもは、再婚や引っ越しによって、前の園のお友だちや実のお父さんの思い出とも別れないといけないと思うこともあること、それを言えないと感じて気持ちのやり場がないこともあること等も説明すると保護者の気づきになることもある。

　本事例の場合、母親ははっとしたように「今のお父さんには、前のおうちの話はしてはだめよ、と言い聞かせてきました。今度は理想の家庭にしたいと思って。急に今日からこの人をパパと呼んでねと言ってもできませんよね…」と打ち明けてくれた。

　保育士は新しい地域や園生活に慣れるよう配慮することや、今のご両親がS也のことを大切に思っていることを園でも伝えていくようにすると話し、母親を支援した。

②着目点：喪失体験と新たな家族像の親子関係づくり

　親の離婚や再婚を経て、子どもも親もさまざまな喪失や変化を経験し、不安やストレスを感じる。気持ちを受容し、ゆっくりと家族関係づくりを支援する。悩みの共有や解決だけでなく、親も保育者も多様な家庭のあり方を受け止めて実父母親子の家庭とは同じではないという認識をもつことから、独自の新しい親子関係を提案し、それをめざしてよいという考え方を示す支援も求められるようになっている。

③学び：園での取り組み

　園では、母の日や父の日など行事においても家族をテーマにすることがあるが、両親がいない場合や血縁の親子関係だけではない子どももいることを認識して、プログラム検討や子どもとのかかわりを考えることが大切である。

　子どもや親が相談できる場所や支援グループはまだ日本ではほとんどないため、交流活動や同じような境遇の者同士と悩みをわかりあうピアカウンセリングなどの新しい支援活動、匿名でも相談できる環境などが必要で、親子関係の家庭を支える支援のネットワークを呼びかけることも大切である。

4 **外国とつながりのある子どもの保育と支援**

① 外国とつながりのある子どもの保育における現状と課題

▼増える日本の外国とつながりのある子ども

　外国からの労働者や家族の滞在、定住、国際結婚などにより、両親、あるいはどちらかの親が外国人の子ども、日本国籍だが日本語が母国語でないなど、外国につながりをもつ子どもは増えている。日本保育協会の調査（平成20年）では、約半数の自治体で保育施設に外国人児童が入所していた。

　受け入れに際して、コミュニケーション・言語の程度は、保育や支援に影響する。文部科学省の調査（平成28年度）では、日本語指導の必要な子どもは4.3万人（うち小学生約2.7万人）で10年前の1.6倍になり、就学前からの支援が課題にもなっている。

▼外国につながりのある子どもの保育での課題

　外国につながりのある子どもの保育では、日本語の言葉や文字の理解の程度、食事に関する習慣や制限、子育てや日常生活に関する習慣の違いなどによって特別な対応が必要となったり、トラブルになりやすい。また園や家庭で気づいた子どもの様子や発達などをおたよりで伝え合うことも難しく、親にとっても不安である。

　しかしそれらは、互いが特徴や違いを知ることや具体的に理解できるようにコミュニケーションをとることで、ある程度は避けることができる。また保育場面に限らず、子どもが日本社会で成長し学び、地域でともに暮らす多文化共生の基本的経験としても重要である。

▼外国につながりのある子どもの保育での工夫や支援

　これらの課題は、保育における時期で考えると、入園前、入園時、緊急時（体調不良時等）や行事等の連絡時、就学準備（卒園時）期に生じやすい。

　言語理解がかなり難しい場合や子どもに特別な配慮が必要な場合もあるので、特に入園や就学準備については、必要に応じて市役所の子育て支援課、教育委員会、国際交流協会、児童相談所などの公的な機関と協力しながら対応していくとよいだろう。情報内容としては、通常の日本人向けの内容と同じであるが、情報を伝える方法はひとつではなく、パンフレットや資料による説明、補足として実際の準備物の写真や園周辺での購入店リスト、お弁当や水筒の現物や中身などの参考写真と説明、通訳者や言語のわかる人の同席など、複数の方法を用意することが望ましい。

ケース **3**

事例から考えてみよう

言葉が通じない、伝えたいことが伝わらない と悩んで…

▼ ねらい ▼

　母国語、公用英語などがあっても、十分に習得できているとは限らない。また言語だけでなく、生活習慣や文化の違いがあり、子育て方法や保育サービスへの認識が異なるため、十分に理解してもらうことが大切である。園における多様な取り組み、工夫について考えてみよう。

事例

　Jはフィリピン人で両親と3人暮らし。出身地などの影響で両親ともに公用語のタガログ語や英語は挨拶程度で、スペイン語が理解できるようだった。日本語の平仮名は読めるが言葉の意味はわからないことが多い。入園説明会では内容の理解が十分でないことがわかったため、市から通訳者を派遣してもらい後日、個別説明した。

　入園後は、Jが発熱していても保育してもらえると思って連れてきたり、毎日ぐずったときのためのおやつをもたせたりした。そのたびにダメだと伝えたが、その後もときどき通園カバンにおやつが入っていた。表情の明るい母親だったが次第に笑顔がなくなってきていた。園からは毎日のJの様子を翻訳ツールで書いて伝えていたが、その文章がふさわしいのかもわからず、通訳者に来てもらうこともできず困ってしまった。

　このため園では通訳者に協力してもらい、簡単なやりとりをスペイン語と平仮名つきの日本語で書いたものを作成した。天気、挨拶、健康状態、わかってほしい園のルール、親から園に連絡してほしい場合と内容、返事の選択肢や例などである。それに保育士がイラストを加え、翻訳カードにし、担当保育士だけでなく玄関にも置き、職員が全員で利用するようにした。

①支援の展開

　園では、地域での生活にも慣れてもらうために、協力してもらえる同じ国の方やその他外国人・グループを探すこと、また、市や国際交流協会にも呼びかけ、社会資源を発掘することも大切である。本事例の場合、Jは人懐っこい性格で、身振り手振りで他の園児とやりとりをしながら園生活を楽しめ

るようになった。両親は園の翻訳カードの取り組みや変化を受け止めてくれ、送迎時にはそれをきっかけに覚えた日本語を使うようになった。

さらに職員も子どももフィリピンについて知る機会を地域の社会資源を活用してつくることにしたが、Jだけでなく、子どもたちからも自分紹介をしたいという意見が出たため、保育参観のテーマにしていくことになった。

②着目点：多文化共生保育から一人ひとりの多様性を認める保育へ

外国につながりのある子どもの保育や家庭への支援は、多文化共生だけでなく、すべての子どもに多様性を認め合うことの大切さを育む意義がある。子どもの意見をきっかけに、互いの個性や特徴を紹介することは、Jを特別あつかいしないことにもつながる。園では、外国の親に自国の民族衣装、楽器、音楽、踊りを紹介してもらう、日本でも翻訳されている絵本と同じ外国語版絵本を文庫に加え、その言語で読み聞かせてもらう、食事に外国の食材やメニューを取り入れる日を設ける等、多様な文化に触れる機会をつくることも大切である。

外国人を含め地域の人々は、異なる特徴や個性または生活習慣や考え方をもっており、互いの違いを理解し認め合いながら協力しあうことによって、地域社会でよりよく暮らすことができることを子どもたちが実感できるようにしたいものである。

③学び：全国でのさまざまな取り組み

各自治体および国際交流の組織では、外国につながる子どもの数や状況は異なるが、この10年ほどの間にさまざまな取り組みがはじまっている。

たとえば、かながわ国際交流財団では、保健・医療の分野から多言語による「外国人住民の子育て支援」に取り組んできた。これまで通訳派遣を新生児訪問や乳幼児健診、家庭訪問、保育園・幼稚園の入園手続き、保育士との面談などさまざまな分野で実施してきた。また多言語で「予防接種のしおり」「外国につながる親子のための入園のしおり」「『新生児訪問及び赤ちゃん訪問』訪問員用コミュニケーションツール」を作成したり、ホームページ内に「外国人住民のための子育て支援サイト」を開設し、子育てに関する多言語資料をウェブ上で公開したり、動画「外国人住民のための子育てチャート」を作成してきた。さらに市町村の保育士会、医師会、助産師会、県児童相談所、児童養護施設、スクールソーシャルワーカーなど幅広い分野の関係機関と連携し、課題となっていることについて研修している。

愛知県西尾市では「多文化子育て支援事業」として、外国人児童の在籍率の高い民間保育所に、専任スタッフとして外国人児童コーディネーターを配置する、関係機関等と連携した就学前の日本語学習意欲や家庭の状況、就学

希望調査や説明会、保護者への日本語教室、就学予定の日本語の理解が進んでいない子どもにプレスクールを実施している。

　岩手国際交流協会では6か国語の一般相談、4か国語の外国人相談専門員が相談にあたる。「多言語子育てヘルプデスク設置事業」では、4か国語で「子育てQ＆A」「子育て問診会話集」を作成し、ホームページに公開している。

　自治体交際化交流協会では、「児童手当」は12か国語で基本情報を説明し、在住外国人の子育てに関する相談に対応するため多言語子育てサポートをし、ホームページで情報のリンクを図っている。

　十和田町の保育園の地域子育て支援センターでは、外国出身の母親たちがグループで学習や交流、相談をしあうなどの活動をしている。

　このように、外国人が安心して子育てできる環境づくりのために自治体の状況に応じて、専門職、関係機関によるネットワークの構築、当事者団体による子育て支援が展開されている。

②　求められる包括的な支援

　このように自治体では、地域住民を新たに迎え、将来もともに住んでいくことを見通した支援、たとえば保育、学校教育、永住や国籍取得、就業などとも関連していくという認識をもっておくことが大切である。このため保育サービスだけのための通訳や翻訳ではなく、日本語・英語教育と多文化の尊重のための取り組みをしていくことが求められる。

✎ まとめてみよう

> ①　家庭支援において、保護者等へのかかわりの基本は受容的態度だが、保育場面では、一方の親や特定の親族等の話を聞くことが多くなりがちである。どのようなことに留意すればよいか考えてみよう。
>
> ②　さまざまな家族の形と、その特徴的な傾向や留意点を学んだが、同じ家族の形であれば、すべて同じような感情や傾向をもつと考えてよいだろうか。また、保育士は何を尊重したらよいだろうか。考えてみよう。
>
> ③　外国につながりのある子どもの保育や家庭への支援は、多文化共生だけでなく、どのような意義があるか考えてみよう。

【参考文献】

総務省統計研究研修所「シングル・マザーの最近の状況（2015年）」2017年

　http://www.stat.go.jp/training/2kenkyu/pdf/zuhyou/single5.pdf

厚生労働省「平成28年度　全国ひとり親世帯等調査結果報告（平成28年11月1日現在）」
　2017年

　https://www.mhlw.go.jp/stf/seisakunitsuite/bunya/0000188147.html

厚生労働省資料「普通養子縁組と特別養子縁組のちがい・特別養子縁組の成立件数・参
　照条文」2017年

　https://www.mhlw.go.jp/file/06-Seisakujouhou-11900000-Koyoukintoujidoukateikyo
　ku/0000169448_1.pdf

厚生労働省子ども家庭局家庭福祉課「ひとり親家庭等の支援について」2019年

　https://www.mhlw.go.jp/file/06-Seisakujouhou-11900000-Koyoukintoujidoukateikyo
　ku/0000205463.pdf

S.シュトロバッハ（柏木恭典訳）『離婚家庭の子どもの援助』同文書院　2008年

御園生直美「Q43　愛着と喪失について教えてください。」庄司順一編『Q&A里親養育
　を知るための基礎知識』明石書店　2005年

NPO法人Wink編『養育費実態調査　払わない親の本音』日本加除出版　2010年

東京都ひとり親家庭支援センター「ひとり親家庭サポートガイド―明日に向かうあなた
　にエールをこめて―」2015年

　http://www.fukushihoken.metro.tokyo.jp/kodomo/hitorioya_shien/kankoubutu/
　supportguide.files/supportguide.pdf

厚生労働省「平成28年度人口動態統計特殊報告　婚姻に関する統計」

　https://www.mhlw.go.jp/toukei/saikin/hw/jinkou/tokusyu/konin16/index.html

野沢慎司他編『Q&A　ステップファミリーの基礎知識―子連れ再婚家族と支援者のため
　に―』明石書店　2006年

厚生労働省「普通養子縁組と特別養子縁組のちがい・特別養子縁組の成立件数・参照条
　文」

　https://www.mhlw.go.jp/file/06-Seisakujouhou-11900000-Koyoukintoujidoukateikyo
　ku/0000169448_1.pdf

野口康彦「離婚・再婚家族のかたちと子どもの育ち」（中央学術研究所ウェブサイト「明
　日への提言」内）2017年

　http://www.cari.ne.jp/candana/page/5/

小田切紀子・野口康彦・青木聡編『家族の心理―変わる家族の新しいかたち―』金剛出
　版　2017年

総務省「多文化共生の推進に関する研究会報告書～地域における多文化共生の推進に向
　けて～」2006年

　http://www.soumu.go.jp/kokusai/pdf/sonota_b5.pdf

文部科学省「『日本語指導が必要な児童生徒の受入状況等に関する調査（平成28年度）』
　の結果について」2017年

　http://www.mext.go.jp/b_menu/houdou/29/06/__icsFiles/afieldfile/2017/06/21/
　1386753.pdf

木浦原えり・真宮美奈子「外国人の親をもつ子どもの保育に関する研究―入所児童数が
　　多い山梨県内の保育所の事例を中心に―」『山梨学院短期大学研究紀要』第34号
　　2014年　pp.74－87

公益財団法人かながわ国際交流財団ウェブサイト「外国住民のための子育て支援サイト」
　　http://www.kifjp.org/child/

総務省「市町村の活性化新規施策100事例（平成21年度地域政策の動向）」2009年
　　http://www.soumu.go.jp/menu_news/s-news/19203.html

西尾市ウェブサイト「多文化子育て支援」
　　https://www.city.nishio.aichi.jp/index.cfm/6,3103,65,619,html

十和田めぐみ保育園「【多文化共生のとびら】保育園を通じての外国出身ママさん支援
　　～子育て支援センター事業の一環として～」自治体国際化協会『自治体交際化フォー
　　ラム』第210号　自治体国際化協会出版　2007年　pp.46－47

日本保育協会「保育の国際化に関する調査研究報告書―平成20年度―」2009年
　　https://www.nippo.or.jp/Portals/ 0 /images/research/kenkyu/h20international.pdf

文化庁「日本語に対する在住外国人の意識に関する実態調査研究報告書」2001年
　　http://www.bunka.go.jp/tokei_hakusho_shuppan/tokeichosa/nihongokyoiku_jittai/
　　zaiju_gaikokujin.html

新たな社会的養育の在り方に関する検討委員会「新しい社会的養育ビジョン」（平成29
　　年 8 月 2 日）
　　https://www.mhlw.go.jp/file/05-Shingikai-11901000-Koyoukintoujidoukateikyoku-
　　Soumuka/0000173888.pdf

コラム

離婚後の親権－単独親権と共同親権－

　日本では、父母の婚姻中は原則として、父母が共同して子どもの親権をもつ「共同親権」（民法第818条第3項）だが、離婚後は父母のどちらか一方が「親権者」となる「単独親権」になり（民法第819条第1項）、親権者が子どもを引き取って養育し、非親権者は面会交流の取り決めによって、子どもと交流することになる。しかし、親権者が面会交流を拒否する、親権者の働きかけにより子どもに非親権者を拒否させる、住所や連絡先を秘匿するなど、主に離婚後の親権者によって、非親権者と子どもの交流が阻害されるといったことが生じている。

　欧米では、親権とは「子どもを監護・教育する義務」とされ、両親がもつのは当然と考えられており、アメリカ、フランス、イギリス、ドイツ、イタリア、スウェーデン、スイス、オーストラリア等では、離婚後は原則として共同親権（共同監護・共同配慮）制度が導入されている（DVや薬物依存等がある場合は、親権や面会交流が制限される）。

　対して日本では、親権とは「親の子どもに対する権利」と考えられがちで、離婚後の配偶者間で親権についてしばしば争われ、「離婚後、男性は親権をとりにくい」などといわれるように、子どもは母親が育てる方が望ましいとする「母性優先の原則」や、現在の養育環境を変えるのは「子どもの最善の利益」に反するとする「監護の継続性」などを重視し、家庭裁判所の判断で母親を親権者にすることが多い。

　この「子どもの最善の利益」の判断基準について、日本では「監護の継続性・安定性」が重要と考えられてきたが、子どもの権利条約には、「子どもの最善の利益」の視点から親子分離禁止の原則や両親の共同養育責任等の規定があり、共同親権性の国では、「面会交流寛容性の原則」（フレンドリーペアレントルール）が重要視されているという。

　近年、わが国の国会でも共同親権について議論になっており、2014（平成26）年に続き2019（令和元）年5月にも24か国調査が実施された。法務省の見解は慎重だが、共同親権になると両親に会いたいというこの権利が保障され、父母が離婚後も子の養育に積極的にかかわることができ、監護親が面会交流に積極的に応ずることになるだろう。そのためにも、たとえば虐待やDVの際の親権停止などの対策や、共同親権の実行を支援する体制を整える等、法的制度などが十分に検討されたうえで、共同親権制度が導入されることが望まれる。

参考文献：

山西裕美「日本における離別後の親権と共同養育における課題についての一考察」『社会福祉研究所報』第46号　熊本学園大学付属社会福祉研究所　2018年　pp.1-19

比較法研究センター「各国の離婚後の親権制度に関する調査研究業務報告書」2014年

法務省「法務大臣閣議後記者会見の概要　令和元年5月17日（金）」
　http://www.moj.go.jp/hisho/kouhou/hisho08_01128.html

第8章 不適切な養育環境の子どもやその家庭への支援

子ども虐待に対して保育者としてできることは？

みずよ先生 みらいさん、最近の子どもに関するニュースや新聞記事で何か気になったものはありますか？

みらいさん 今朝の新聞で、子どもへの虐待の件数が調査開始以来、年々増加している、という記事を見ました。確かに私も、虐待で命を落とす子どものニュースを聞くことが多いように感じますが……。

みずよ先生 みらいさんが見たデータは「児童相談所での児童虐待相談対応件数」の推移をあらわしたものですね。これを見ると、虐待されている子どもの数が右肩上がりに増えている、という印象が強いですが、これはあくまで「児童相談所が受けた児童虐待の相談件数が増えている」ということをあらわしたグラフなんです。

みらいさん ということは、虐待そのものの件数だけではなく、「この子はもしかしたら虐待されているのでは？」と気づいて相談する人が増えてきたということも考えられますか？

みずよ先生 そのとおり。特に保育者や教師、子どもの医療にかかわる専門家たちが子ども虐待に関心をもって研修を積んでいるおかげで、早期発見できるケースが増えてきているといえます。

みらいさん 私は子どもが大好きで保育者をめざしているので、虐待のニュースを見聞きするととても心が痛みます。虐待に苦しんでいる子どもたちを救うには保育者として何ができるのでしょうか？

みずよ先生 子どもと日常生活をともにする保育者は、虐待に気づいたり予防したりするうえでとても重要な役割を担っているといえます。まずは「虐待に至ってしまう前に気づくこと」が大切です。また、保育者は子どもの味方になるだけでなく、虐待してしまうことに悩んでいる保護者への支援という視点も忘れてはならないですね。

みらいさん ここでも、子どもだけでなく、保護者の支えになれる専門家であることが求められているんですね。

みずよ先生 そうですね。この章では、未来ある子どもたちの発達の土台づくりに携わるという保育の視点から、虐待につながる可能性のあるような不適切な養育環境の子どもや家庭への支援のあり方について、具体的に学んでいきましょう。

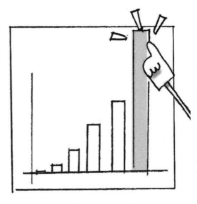

子ども虐待

1 保護者のSOSとしての不適切な養育環境への気づき

① 不適切な養育環境とは

*1 子ども虐待
法律では「児童虐待」と表記され、この「児童」は満18歳に満たない者を指す。しかし、一般的に「児童」という場合、「小学生」を指すことも多いため、対象の子どもの年齢層をイメージしやすいよう、「子ども虐待」と表記されることが多い。本章においても、法律・制度などの用語は「児童虐待」、その他は「子ども虐待」と表記する。

　本章では、不適切な養育環境を「そのまま放置すれば子ども虐待*1に至る可能性のある状態」のことをいう。普段の保育のなかで「気になる子ども」の姿が、この「不適切な養育環境」からもたらされている可能性はないだろうか。保護者の多忙さや子どもの発達の遅れによるものととらえられがちなケースを「虐待に至る可能性のあるサイン」という視点からとらえ直すことで対応の可能性が広がり、深刻な子ども虐待を未然に防ぐことが期待される。

　特に、保護者が経済的に不安定、若年の妊娠、未婚を含むひとり親家庭、親戚や地域社会から孤立しているなどの背景がある場合は、配慮して見守っていく必要がある。この際に大切なことは、養育環境の不適切な点を責めるのではなく、子育てに関して手助けを必要としている家庭ととらえてかかわる姿勢である。

② 気づきのポイント

▼入園前からの気づき

　まずは親子へのかかわりの第一歩として、入園前からの気づきは重要である。入園内定通知書類の記載事項を確認し、入所要件が「保護者の疾病」などであったり、意見書や関係機関の担当者名が書かれている場合は、事前に自治体の保育課等に問い合わせをして詳しい情報を得ておくなど、特に注意が必要である。さらに、入園面接の際は複数の職員で話を聞き、記録をしっかりとる体制などの準備と同時に、何よりも保護者にこの場が「安心できる」と思ってもらえるような配慮が優先される。入園面接時点での気づきのポイントは、保護者と連絡がとりにくい、保護者がこれまでの養育状況を語れない、父母で来ているのに母親がほとんど話さない（DVの可能性）、子どもの体格がきわめて小さい、視線があわない、衣服が汚れている、落ち着きがない、保護者が子どもを大声で叱る、無視するなどがあげられる[1]。

▼保育所での生活や保護者の様子からの気づき

　保育所で日常的に親子に接するなかで、表8-1のような様子がみられる場合、子どもが不適切な養育環境にある可能性が考えられる。

表8－1　不適切な養育環境が背景にあると考えられる保育所での様子

子どもの様子

- ・過食である
- ・午睡で緊張・極度の甘えが出る
- ・自分や他人を傷つける
- ・高いところから飛び降りるなどの危険な行動
- ・攻撃的・自責的（「どうせ〜なんか」など）な言葉づかい
- ・うつろな表情
- ・虫歯の放置
- ・警戒心が強く、室内の特定の場所（トイレのような密室など）を嫌がる
- ・ひとり遊びが多い
- ・ごっこ遊びのなかで人形をいたぶるなど、暴力を再現するような遊びがみられる
- ・過度な破壊や攻撃行動
- ・保育者に抱かれることを拒む
- ・保育者を独占する
- ・保育者の嫌がることを繰り返すような「試し行動」がみられる
- ・赤ちゃん返りがみられる
- ・自分のしていること、しようと思ったことを修正されるのを嫌がる
- ・謝ることに時間がかかる
- ・相手に怒りや不快感を抱かせる
- ・保護者から離れるのを極端に嫌がる
- ・保護者のお迎えに反応しない・嫌がる

保護者の様子

- ・理由をつけて欠席させる（虐待の傷を隠している可能性）
- ・養育に関心がなく拒否的
- ・子どもを罵り、怒り出すとコントロールがきかない
- ・体罰を肯定する
- ・きょうだいで養育態度に差がある
- ・子どもの抱き方がぎこちない
- ・予防接種や医療ケアを受けさせない
- ・子どもの育てにくさを訴える
- ・園から子育てについてアドバイスや助言をしても、一向に改善しない（しようとしない）
- ・保育者を避ける、面談を拒否する
- ・他の保護者とトラブルを起こす
- ・連絡がとりづらい
- ・家族以外の出入りがある
- ・保護者の顔などにけがやあざがみられる（DVの疑い）

出典：倉石哲也『保育現場の子ども虐待対応マニュアル』中央法規出版　2018年　pp.50－68をもとに作成

③　子ども虐待の概要

▼虐待とは

「虐待」は英語で「abuse」という。この単語にはたとえば「drug abuse（薬物乱用）」のように「（物事を本来の使用方法とは異なるやり方で）乱用する、誤用する」という意味がある。つまり、子どもに対する虐待である「child abuse」は「おとなが自分のために子どもを利用（乱用）する」行為全般を指し、いらいらを解消するために子どもに暴力を加えた場合などが当てはまる。この点で、虐待は一般的な「しつけ」とは区別することができる。

▼子ども虐待の分類

「虐待」とは狭義には「身体的虐待」と「性的虐待」、つまり子どもに対して具体的に不適切な行為を行うことを指す。一方、目に見える外傷等はなくとも、子どもに対してすべきケアを行わない「ネグレクト」と子どもの心を傷つける「心理的虐待」をあわせて、子どもに対する不適切なかかわり全

＊2　マルトリートメント
諸外国では、「マルトリートメント」という概念が一般化している。諸外国における「マルトリートメント」とは、身体的、性的、心理的虐待及びネグレクトであり、日本の児童虐待に相当する[2]。また、おとなから「何かをされる」虐待と、「すべきことをされない」ネグレクトを、具体的な支援の視点から図8－1のように分類した。

般を「マルトリートメント（maltreatment）」＊2と呼んでいる（図8－1）。

▼一般的なけがと虐待によるけがの違い

　子どもはよくけがをするものであるが、通常の遊びや生活でけがをしやすい部位とは異なる場所に打撲や傷があった場合、虐待が疑われる（図8－2）。特に、さまざまな回復段階にある多数のあざや骨折があったり、実際のけがと親が語ったけがをしたときの状況との間に矛盾がみられる場合は、虐待である可能性が高い。

　また、一般的に親は子どものけがを自分のせいだと考えがちなのに対し、虐待の場合はたとえば「子どもがいたずらをして熱いやかんに触ってしまった」などのように、けがを子どもの責任にする傾向が強い。

図8－1　子ども虐待の分類

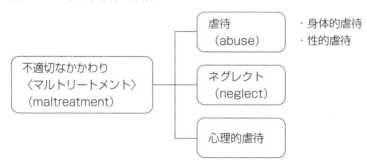

図8－2　虐待の疑いが低いけが（通常の遊びや生活でのけが）と虐待の疑いが高いけがの位置

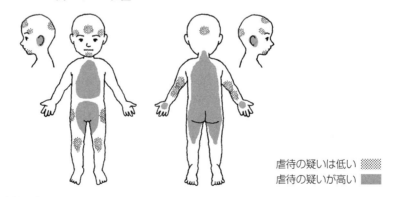

虐待の疑いは低い
虐待の疑いが高い

資料：ジョン・E・B・マイヤーズ他編（小木曽宏監訳　和泉広恵他訳）『マルトリートメント子ども虐待対応ガイド』明石書店　2008年　p.374

コラム①

子ども虐待や、親と離れて生活する子どもたちをテーマにした作品

　ここでは、子ども虐待や家庭以外で生活する子どもたちに関連した内容の映画や絵本を紹介する。これらの作品を鑑賞することで、虐待がなぜ起こってしまうのか、当事者がどのような気持ちでいるのか、子どもが安心して暮らせる場はいかにしてつくられるのかなどについて考える材料にしてみよう。

【映画】

・『誰も知らない』（監督：是枝裕和　出演：柳楽優弥、YOUほか　2004年　日本）

　1988年に実際に起きた「西巣鴨四児置き去り事件」をモチーフにつくられた。「究極のネグレクト」ともいえる状態で、きょうだい4人が子どもたちだけで生活する姿を描く。

・『隣る人』（監督：刀川和也　2011年　日本）

　児童養護施設での子どもたちと保育者の日常生活を追ったドキュメンタリー映画。子どもたちが保育者に甘えたり、ときには強く反発しながら成長しようとする姿や、それを受け止める職員の葛藤、さらに施設に子どもを預ける親と一時帰宅の様子なども取り上げられている。

・『さとにきたらええやん』（監督：重江良樹　2015年　日本）

　大阪市西成区で40年以上にわたり地域の親や子どもたちを受け入れてきた、小規模住居型児童養育事業（ファミリーホーム）などを請け負うNPO法人「子どもの里」を舞台にしたドキュメンタリー映画。家庭的に厳しい背景を背負った子どもたちが、受け止められ、支え合いながら生きる場の意義を知ることができる。

・『きみはいい子』（原作：中脇初枝　2012年　ポプラ社　監督：呉美保　出演：高良健吾、尾野真千子ほか　2015年　日本）

　子ども時代に受けた虐待の傷を抱えながら子育てをする母親、クラスの被虐待児と思われる児童の家庭になかなか踏み込めずに苦悩する小学校の新任教師など、さまざまな人物の視点から虐待を取り上げている。

【絵本】

・『パパと怒り鬼』（グロー・ダーレ作　スヴァイン・ニーフース絵　大島かおり・青木順子共訳　2011年　ひさかたチャイルド）

　DV（ドメスティック・バイオレンス）の家庭で暮らす少年の気持ちをテーマにしたノルウェーの絵本。父親が暴力のサイクルに入っていく様子を「怒り鬼」として表現している。少年が王様に相談の手紙を書くことで事態が好転する。

・『気持ちの本』（森田ゆり作　2003年　童話館出版）

　「やさしい、苦しい、うきうきする……」などさまざまな気持ちをあらわす言葉を学ぶことができる。掲載されている絵は「たくさんの子どもたち」によるもので、気持ちの表現には多彩な方法があることがわかる。

❹ 社会資源の活用と連携の必要性

▼子どもと家庭を支援するネットワークの一員として

　2015（平成27）年に本格施行した「子ども・子育て支援新制度」において
あげられている「地域の実情に応じた子育て支援の展開」を担う一職種であ
る保育者は、保育所内での子どもや保護者へのかかわりだけではなく、地域
で子育てをする家庭や保育所以外の施設や機関と連携することも重要な役割
となっている。

　子どもと家庭を支援するネットワークの一員としての自覚をもち、地域の
どこにどのような社会資源があるのかについて具体的に把握していることが
不可欠である。さらに、各機関同士で普段から情報交換や会合を行い、「お
互いに顔の見える関係」にあることが実際の支援の際に役立つ。関連機関が
連携することで、たとえば、転居や卒園などで支援が途切れてしまうことを
防ぎ、子どもの将来を見据えた長期的で息の長いかかわりが可能になる。

▼市町村・児童相談所と各関係機関とのつながり

　図8-3は市町村における相談援助を行う際の系統図である。ここに示さ
れているように、保育所は子どもと家庭にもっとも近い関係機関のひとつで
ある。そのために、保護者から直接相談を受けたり、子ども虐待の可能性を
発見することもあり、なかにはニーズにあった専門機関の紹介や、虐待の通
告が必要なケースもある。また、関係機関や児童相談所などが虐待予防の観
点から保育所の利用が必要だと判断した家庭の受け入れも行う。

▼子ども虐待の通告

　2004（平成16）年の「児童虐待の防止等に関する法律」の改正により、虐
待の早期発見に向けて、通告対象が「虐待を受けた児童」から「虐待を受け
たと思われる児童」となり、いわゆる「グレーゾーン」や「あやしいケース」
なども相談しやすい規定となった。

　また、通告先は「児童相談所」のみであったものが「市町村」も通告先に
加わった。また、市町村の体制強化を図るために「要保護児童対策地域協議
会」（図8-3）が法定化され、2017（平成29）年4月1日現在で99.7%の
市町村に設置されている[3]。

図8－3　市町村・児童相談所における相談援助活動系統図

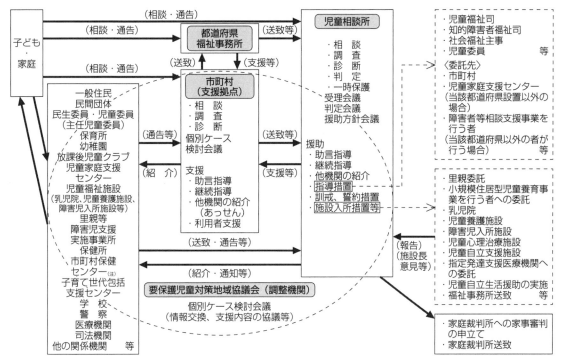

注：市町村保健センターについては、市町村の子ども家庭相談の窓口として、一般住民等からの通告等を受け、支援業務を実施する
　　場合も想定される。
出典：厚生労働省「児童相談所運営指針」

 不適切な養育環境の子どもやその家庭における支援の展開

　普段の保育において「様子がおかしい」と思われる子どもや家庭への支援
を行う際には、保育者として「できること」「できないこと」をよく見極め
ることが大切である。表8－2を参考に事例に即して考えてみよう。

表8－2　保育所で「できること」「できないこと」

保育所ができること・保育所だからできること

・日々の保育を通して、子どもに安心できる生活を保障し成長・発達を支援する（継続的な登園そのものが子どもにとっての「支援」となる）
・優先入所の受け入れや、延長保育など保護者のニーズに応じて「子どもを預かる」ことで保護者の育児負担を軽減する
・子育てが行き届いていないところを部分的に支援する
・保護者の困っていることや子育ての悩みについて一緒に考える
・保護者が他の保護者やさまざまな専門機関とつながることをサポートする
・「この家庭は心配だ」と感じた段階で関係機関に連絡・相談する。記録をとる
・日常保育のなかで子どもを見守り、虐待の早期発見につとめ、緊急性を判断する
・虐待や虐待の疑いを発見した場合はすみやかに通告し、関係機関と連携して対応する

保育所にはできないこと・やってはいけないこと

・子どもの夜間・休日の見守り
・全面的な家事支援
・保護者の病気・障害・アルコール依存などへの対応
・子どもの一時保護・入院
・保護者への経済的援助
・危険性・緊急性のある場合（命にかかわる子どもへの虐待や保護者へのDV、保育者に危険が及ぶ可能性のある場合など）の対応

出典：保育と虐待対応事例研究会編著『保育者のための子ども虐待対応の基本』ひとなる書房　2019年 pp.17－18をもとに作成

ケース 1　事例から考えてみよう

孤立無援で子育てする母親によるネグレクト

▼ ねらい ▼

　園で決められたものを用意しないなどいわゆる「困った保護者」を、「何に困っている保護者なのか」という視点から捉え直し、保育者としてできる支援を考える。

事例

　K子（2歳、女児）は、20代前半の母親Aさんと二人で暮らしている。他園から転園し、2歳児クラスから入園した。AさんはK子の父親とは結婚せず、介護施設でパートをしながら未婚で子育てしてきた。母親の両親や親戚とはほとんど交流がない。お迎え時間が夕方早めなこともあり、他の保護者とのかかわりもない様子であった。K子は、入園当初から場所見知りをすることもなく、比較的スムーズに新しい園での生活をはじめることができた。

大好きな保育者がおり、その保育者に抱っこされると非常に機嫌がよい。子ども同士でおもちゃの取り合いなどになったときはすぐに諦めてしまうこともあり、大きなトラブルなどはない。ただ、給食やおやつをガツガツと一心不乱に食べる様子、そしてその食欲の割には体重の増加が少ないことが気になっていた。また、初夏になっても冬物のトレーナーを着ていたり、入浴もあまりしていない様子であった。

　一方、母親は園で必要な着替えやタオルなどを忘れたり洗濯されていないものをもってきたりする。またほぼ毎日、明らかに朝からオムツを交換せずに登園してくる。保育者が指摘すると「洗濯機が壊れている」「来る途中で出てしまった」などと言い、最近では「しつこいなあ」と声を荒げることも増えてきた。

○支援のポイント

　まずは、誰にも頼れずに若年で出産し、ここまで子育てしてきた母親の苦労を「大変でしたね」「頑張ってきたんですね」とねぎらう気持ちを保育者が母親に伝えることが大切である。そのうえで、日常生活で困っていることは何なのか、どこまでならできるのかなどを母親から聞き取り、着替えの用意など一時的に園が代わって行うことも必要である。それと併行して、効率的な家事の方法をアドバイスしたり、公的な家事サポートを紹介するなど、最終的には母親が自分でやっていけるための手助けをする。また、経済的な事情で洗濯や食事の用意が十分にできない可能性も考えられるので、必要な場合は生活保護など経済的な支援につなぐ。

　この事例の場合、幸いK子にとって保育所が安心の場になっている。さらに友だちとの間でも自分を出していけるよう援助しつつ、母親に園での子どもの肯定的な様子を伝えることを通して、母親との何気ない会話の機会を増やす。

　また、母親が参加しやすい時間帯も含めて気軽に参加できる「保護者の会」等を企画することで、保護者同士の仲間づくりの橋渡しもできる。

　さらに、親子が前の園をやめて転園してきていることからも、万が一、保育所に来なくなってしまったときのことも考え、支援が途切れないよう地域の主任児童委員や児童家庭支援センター等と連携し、情報を共有しておくことも重要である。

ケース **2** 事例から考えてみよう

何らかの育てにくさをもつ子どもの保護者の育児困難

> **▼ ねらい ▼**
> 発達障害や発達の偏りなど、園で個別の支援が必要な子どもは、家庭生活においても同じような課題を抱えている。保育所と保護者、適切な専門機関との連携が深刻な子ども虐待の予防につながることを理解する。

事例

　S介（5歳、男児）は、公務員の父親、金融機関の正社員の母親、小学2年生の兄との4人家族である。集団で行動することが苦手、着替えや食事にとりかかるのに時間がかかる、些細な理由で他児を突き飛ばしたりするなど、気になる行動がみられていた。たとえば、保育で製作を行う際など、全体への説明だけでは理解できなかったり、配った材料をすぐになくしてしまうことがよくあることから、必ず保育者が個別について一緒に行うなどの配慮をしている。

　保育所への送り迎えは、主に朝は父親が、帰りは母親が行うことが多い。両親ともに多忙な仕事で、いつも時間に追われている様子である。S介がなかなか降園しようとしなかったり、言うとおりにしないことで両親ともにいらいらし、S介を叱責する姿がよくみられる。

　さらに最近、保育者が棚から物をとろうとして腕を上げたとき、近くにいたS介がとっさに頭を抱え、しばらく動けなくなることがあった。園内会議で話題にすると、同じような場面を経験した保育者が複数いた。普段、おとなから頭を叩かれることがあるのかもしれないと思い、送り迎えの保護者とS介の様子を注意深く観察するようにしたが、明らかな暴力はみられなかった。

　保護者面談の際、母親は、兄とは違ってなかなか子育てがうまくいかないことに悩んでいると打ち明けた。家では、つい兄と比べてS介の心を傷つけるような言い方で叱ってしまう、逆にS介が何を言ってきても無視したり、母親自身神経が高ぶって夜眠れない日もあることなど、子育てで精神的に追い詰められていることが窺われた。

○支援のポイント

　本児のように、発達の偏りによる育てにくさをもつ子どもは、その子どものもつ特性や適切な対応方法を保護者が知らないまま養育され続けると、子ども虐待の被害を受ける可能性がある。本事例の場合も、きょうだいと比較したり、無視をするなど「心理的虐待」に当てはまるようなエピソードがみられ、保護者への支援が急がれる状態といえる。保育者は、日頃の保護者の大変さを受け止めつつ、園で行っている本人に適した対応方法などを具体的にアドバイスすることで、家庭での子育ての負担を少しでも軽減する手助けができる。

　また、近隣の療育機関などの紹介を行い、S介や家族が今よりも生活しやすくなるために専門家のサポートを受けることが有用であることを保護者に伝える。外部の専門家と保護者がつながることで、身近すぎて保育所では相談しにくかった家庭や保護者自身の問題などを相談する機会を得ることもできる。また、多くの療育機関は保育所への巡回や訪問相談を行っている。このような制度を積極的に利用することで、普段の保育の進め方なども視野に入れて相談・療育を行うことができる。

　園だけで抱え込まずに、さまざまな領域や視点から子どもと家庭を支えていこうとする専門性が求められる。

3　代替養育の理解と家庭への支援

● 代替養育の理解

▼代替養育とは

　本章で学んできたように、保育者は虐待を子育て支援の観点からとらえ、日常生活のなかで保護者や子どもが発しているサインに気づき、虐待に至る前に支援することが大切である。しかし、深刻なケースについては要保護児童対策地域協議会の個別ケース検討会議等に保育者が出席して情報提供を行い、対応策を話し合う場合もある。その結果、ある一定期間、親子を分離して支援を行うことが適当と判断されたときに行うのが「代替養育」である。代替養育とは「社会的養護」の一部であり、保護者がいなかったり、虐待等の理由で保護者と一緒に暮らすことができない子どもたちを公的な責任で養育し、養育に大きな困難を抱える家庭への支援を行う制度である。代替養育は、児童養護施設や乳児院、児童心理治療施設などの「施設養護」と里親や

ファミリーホームでの養育の「家庭養護」に分けられる。

▼代替養育における保育者の役割

　代替養育の場においても、保育者はさまざまな役割を担っている。児童養護施設や乳児院などの施設に勤務する保育者は、子どもたちの日常生活全般へのかかわりを通して、子どもとの愛着関係を形成する。ここでの保育者との愛着が基盤となり、退所後の保護者との関係統合や将来の自立につながっていく。また保育所での保育においても、施設から家庭への生活に復帰した親子や、里親家庭で育つ子どもが入園する場合もある。

　子ども虐待の予防段階から事後対応を含むアフターケアまで、保育者のかかわる領域は広い。いずれにしても保育者は、子どもの成長・発達を保障するために、子どもが信頼できる大人とともに安心して生活できる場を提供し、親子の再統合に向けた支援を行うことが大切である。なお、社会的養護の実際については、専門に取り扱う科目でさらに学びを深めてほしい。

✏ まとめてみよう

> ①　自分の住む地域について、児童相談所をはじめとする子育てに関する相談機関には、どのようなものがあるか調べてみよう。
> ②　「気になる子ども」の保護者とかかわる際に大切にしなければならないことについて、「保護者理解」の視点からいくつか挙げてみよう。
> ③　子ども虐待の予防的なかかわりとして、保育者ができる実践にはどのようなものがあるだろうか。グループで具体的に考え、発表してみよう。

【引用文献】
1）保育と虐待対応事例研究会編『保育者のための子ども虐待対応の基本』ひとなる書房　2019年　pp.24－27
2）厚生労働省雇用均等・児童家庭局「子ども虐待対応の手引き（平成25年8月改正版）」
　https://www.mhlw.go.jp/seisakunitsuite/bunya/kodomo/kodomo_kosodate/dv/dl/130823-01c_003.pdf
3）厚生労働省「市町村（虐待対応担当窓口等）の状況調査（平成29年度調査）」
　https://www.mhlw.go.jp/content/11900000/000349526.pdf

コラム②

家庭復帰（施設退所）が近い子どもとその家庭への支援と課題

　児童福祉施設の職員（特に日常をともにしている保育士）は、時に担当している「子どもへの愛情は誰にも負けない」という思いを抱く。「親代わり」ではなく、「親以上」という強い思いである。しかし親（保護者）を慕う子どもにとって、その思いは子どもにとっては根拠のないうぬぼれであり、思いあがりとなってしまうこともある。そんな苦い経験をしたある保育士の事例を紹介しよう。

　4歳から中学1年生のきょうだい※1 5名、母子家庭、母親の妊娠・出産・乳児の育児のため、5名の子どもの養育が十分に行えないとの理由で、5名同時に同じ児童養護施設（以降、X園と記す）に入所（入所期間2年）。母親との関係は5名ともに良好。現在、母親は同居の乳児1名と母親のパートナー（乳児を含め6名の子どもとの血縁関係はなし）と同居。

　母親が乳児と新しいパートナーとともに、X園に入所している子ども5名と外出・外泊※2を繰り返すなかで、子どもたちを引き取り同居したいと、児童相談所とX園に申し出があった。子どもたちとパートナーの関係が良好なこと、経済的にも子どもたちを含めた家族8名が安定した生活を送れるだけの収入があることなどから、前向きに話は進んでいた。

　しかし、居住環境に問題がもちあがった。親子8名が広めのワンルームアパート1室（約10畳）で生活するというのである。母親とパートナーは、全員の仲が良いので部屋の狭さは関係なく、引き取りに何ら問題ないと話した。それに対し児童相談所の児童福祉司も施設の担当保育士（以降、A保育士と記す）も、家族1人につき畳1枚程度の居住環境では、子どもにとって健全な生活が送れないと考えた。児童福祉司、A保育士と母親とそのパートナーは、住居環境の改善（広い家への転居）について話し合った。

　特に入所児童の日常生活にかかわっているA保育士は母親やパートナーに対し「子どものことを考えると到底考えられない環境なので、現状では引き取りに賛成できない」と断言し、何度も電話で口論した。

　そのような状況のなかで、母親たちのもとへ外泊していた子どもたちが帰園したある日、A保育士はいつものように自分が担当している中学生C君に外泊の様子を尋ねた。C君は険しい表情で、その質問に答える代わりに、A保育士にむかって大声で「オマエはオレらのことがキライなんかっ！」と叫んだ。C君の強く握られたこぶしは小刻みに震え、涙を浮かべた目はA保育士を睨みつけていた。A保育士は普段は朗らかなC君の言動に何の反応もできず、呆然と立ち尽くしていた。C君はそれ以上、何も言わず自分の居室へ戻っていった。

　その後、冷静になったA保育士とC君は互いの思いを話し合ったが、居住環境が整うまでもう少し施設で生活をしたほうがよいと考えるA保育士と、一刻も早く母親の待つアパートへきょうだい全員で帰りたいと願う思いが一致することはなかった。

　最終的に、X園の施設長、児童福祉司と母親たちとの話し合いで、大きな住居が見つかるまで

は同じアパートでもう一部屋を借りて生活するということで、子どもたちの家庭復帰が決まった。

　家庭復帰（施設退所）をめざす保護者と保育士の対立は、そのまま担当する子どもと保育士の対立となることも少なくない。このような対立は、その子どもとの信頼関係を損なうだけでなく、保育士の対応に疑問をもつ他の入所児童との関係を悪化させてしまうこともある。

　保育士の担当する子どもへの強い思いから、バランスを欠いた判断をしないように、またそのケースを１人で抱え込まないようにするにはどのようにすればよいのだろうか。

　その答えのひとつとして、保育士が児童相談所の担当の児童福祉司などと連絡を密にするとともに、その内容を施設長や主任保育士など責任ある立場の者に詳しく報告・相談することがあげられる。報告・相談を受けた責任者は、積極的に担当保育士と当該児童にかかわると同時に、施設（職員）全体で子どもの課題を共有することも必要となる。

　施設全体で子どものケースに取り組めば、担当保育士も一人で悩まず、冷静にケースの進捗状況を把握し、子どもの最善の利益を考える余裕がもてるであろう。さらに施設全体で取り組む姿勢をもつことは、子どもと保護者および児童相談所の児童福祉司に、施設として子どもの最善の利益を優先して対応していることを示すことになる。それは当該児童と当該保護者に、安心感と余裕もって家庭復帰するための準備をしてもらうことにもつながっていくのである。

＊１　きょうだい
　一般的に男女混合の兄弟姉妹等の「きょうだい」とひらがな表記でしめすことが多い。読売テレビの道浦俊彦報道局専門部長のブログ「道浦俊彦TIME」（2015（平成17）年）よると、マスコミの用語委員に意見を求めたところ、決まったルールはないが男女混合の場合に「きょうだい」として表記しているマスコミが多いことが記されている（http://www.ytv.co.jp/michiura/time/2015/10/post-2889.html）。

＊２　「外出」と「外泊」
　児童福祉施設では一般的に「外出」は施設から出て食事や遊園地などに行き日帰りで施設に戻ってくることをいう。「外泊」は保護者などの家で何泊かして施設に戻ってくることをいう。文字通りのことであるが入所する子どもにとってこの２つにはとても大きな差があり、虐待等の恐れがない場合、ほとんどの子どもは「外泊」を望む。
　被虐待児とその保護者等との場合は、施設内の相談室（面談室）などで職員同席のもと、短時間の面接から段階を踏んで関係を修復していく。

第9章　発達障がい児等の理解と家庭への支援

🖊️障がいとその親子を理解し、どう支援するのか？

みずよ先生　みらいさん、発達障がいって知っていますか？

みらいさん　聞いたことがあります。それに、最近、テレビでも特集をしているのをよく見ます。

みずよ先生　そうすると、少しはどんな障がいなのかイメージできているのかもしれませんね。けれど、発達障がいは、原因がはっきり解明されていない部分もありますし、個人差も大きい障がいです。これから少しずつ明らかになっていくと思いますが、現段階での正しい理解をしていくことが保育士として重要です。

みらいさん　解明されていないのに、保育士が発達障がいのある子どもを支援することができるんでしょうか。

みずよ先生　そうですね。それでも、障がいの特性というものがありますので、まずは、その特性をしっかり学習しておきましょう。それから、最近はインターネットが普及してきているので、保護者の方も障がいについての勉強をよくしています。でも、インターネットには間違った情報もあるので、特に保育士は、情報に惑わされずに正しい知識を得ていかなければなりません。

みらいさん　そうなんですね。つい、私もインターネットで見た情報を信じてしまいがちなので、気をつけたいと思います。

みずよ先生　他にも、発達障がいのあるお子さんを育てていくうえで大切なことは、保護者や子どもが利用しているサービスの理解やつながりです。この章では、発達障がいを中心に、社会資源の活用や連携を図りながら進める、障がいのある子どもとその家族の支援について学んでいきましょう。

日本における障がい児に関する現状

① 障がい児とは

　児童福祉法第4条第2項では、「障害児」とは「身体に障害のある児童」「知的障害のある児童」「精神に障害のある児童」「治療方法が確立していない疾病その他の特殊の疾病」である児童をいうと定義されている。

　また、厚生労働省「平成28年生活のしづらさなどに関する調査」によると、在宅で生活する障がい児のなかで、「身体障害者手帳」の所持数は約7万8千人、「療育手帳」の所持数は約25万7千人、「精神保健福祉手帳」の所持数は約1万8千人との報告が出ている[*1]。同年10月時点の日本人の18歳未満の人口がおよそ1,916万人（総務省「人口推計」）であることから、在宅に限定しても全体のおよそ1％の児童が、何らかの障がいがあり、そのために手帳を取得している児童であると考えられる。

＊1
「身体障害者手帳」「療育手帳」については18歳未満、「精神保健福祉手帳」については20歳未満の数値である（調査方法の違いによる）。

② 知的障がいとは

　知能検査によって、知能指数（IQ）が70以下であり、コミュニケーションや日常生活の行動、学習などの能力が自らの力だけでは適切に対応することが難しいと判定された場合に、「精神発達遅滞」との診断がなされる。診断名は「精神発達遅滞」となるが、一般的には知的障がいと呼ばれている。知的障がいは、知能指数によって、軽度から最重度まで段階があるが、知的障がい全体の85％は軽度知的障がいである。

③ 発達障がいとは

▼障がいの診断基準

　近年、日本のメディアでも「発達障がい」という名称が取り上げられるようになるほど、この障がいについての認知度は上がっており、保育や教育の分野でも注目度の高い障がいである。

　発達障がいの詳細な内容については、別の科目での学習を行うことを前提に、ここでは、簡単に発達障がいについて触れておくこととする。

　まず、障がいの診断には基準がある。世界保健機構（WHO）が作成したICD-10（国際疾病分類第10版）や、アメリカ精神医学会（APA）が作成し

たDSM-5（精神疾患の診断と統計のためのマニュアル第5版）などがあり、医師が診断することになっている。保育士や児童心理司等が診断することはできない。

▼**発達障害者支援法**

　日本では、2005（平成17）年に発達障害者支援法を制定し、そこで、発達障がいの定義を次のように示している。

発達障害者支援法
（定義）
第2条　この法律において「発達障害」とは、自閉症、アスペルガー症候群その他の広汎性発達障害、学習障害、注意欠陥多動性障害その他これに類する脳機能の障害であってその症状が通常低年齢において発現するものとして政令で定めるものをいう。

　ICD-10やDSM-5をはじめ、発達障害者支援法も、発達障がいの診断基準や定義は、まだ研究途中の障がいであることから、今後も研究結果によっては変化していく可能性のあるものである。

　日本も、ようやく発達障がいに対する法律を整備し、支援を手厚くしていこうとする動きはあるが、発達障がいを主にした手帳は未だ日本には存在せず、多くの発達障がい児が精神障害者保健福祉手帳あるいは、療育手帳を所持している状況である。また、発達障がい児の場合、手帳を所持していない子どもも多くいると考えられる。

　なお、発達障がいという名称であるが、自閉症や広汎性発達障がいなどの障がいだけを指すものではなく、何らかの発達が阻害されている状態にある障がいの総称である。現在は、前述の診断基準「DSM-5」が発表されたことにより、「自閉スペクトラム症／自閉症スペクトラム障がい（ASD）」の用語が使用されるようになってきている。

④　障がいへの気づき・配慮

▼**知的障がいによる行動の特徴**

　知的障がいのある子どもたちは、筋力が弱い子どもが多く、その影響から基本的生活習慣の習得や獲得が緩やかである。言語についても、遅れが認められることが多く、獲得したはずの習慣も、何かをきっかけに消失してしまい、再び習得までの道のりを歩むこともしばしば見受けられる。そのようなことから、実年齢に比べて自分自身をコントロールすることに困難さが生じるため、自身を表現する方法として、泣く、他害、自傷などの問題となる行

動で表現することもある。

　そのため、まず、知的障がいのある子どもと関わる保育者は、子どもがわかる表現を心がけながら、寄り添った根気強い支援が大切となる。さらに、できていたことができなくなり、振り出しに戻ることは、保護者や保育者が落胆する以上に、子どもが最も悲しんでいるかもしれない。そこで、周囲のおとなが叱ることは、子どもの自己肯定感を下げてしまうことにつながってしまう。保育者は、子どもの姿をよくとらえ、認めたり励ますことを心がけることが大切である。

▼発達障がいによる行動の特徴

　発達障がいのある子どもたちがみせる行動は、家庭のなかではそれほど気づかなかったり、気にならないものでも、保育所や学校などの集団生活や社会生活のなかでは目立ってしまったり、生活のしづらさが明らかになることがある。しかし、それらの行動は障がいの特性からくるものだけでなく、別の何らかの理由がある場合もある。そのため、以下にあらわしたような発達障がいのある子どもの特徴的な行動から、保育者が気になる行動だと感じた場合には、障がいの特性として考えるのと同時に、その子どもの思いや生活のしづらさに影響を及ぼしている可能性について考えることも大切である。

○急な予定変更に対応したり、好きなことを途中でやめるのが難しい

　　→　日課表を提示しておき、見通しをもてるようにする。

○みんなで一緒に行う活動が苦手。

　　→　どのように参加すればよいのか不安で参加できない場合は、観察する形の参加から始める。

○特定の音、触感、におい、味、動きへの強い関心を示す

　　→　苦手な感覚は徐々に慣れるよう生活に取り入れ、好きな感覚は、遊びのなかに取り入れて、それをツールに興味や関心を広げる。

○ひとり言や独特な話し方をしたり、会話が成り立たない

　　→　積極的に言葉をかけながら、ときには、相手の話を聞く時間であることを視覚的に伝える。

○視線、表情、身振りでの表現行動が少なかったり、ごっこ遊びや模倣遊びが苦手

　　→　好きな遊びをツールに、相手の表情や行動に目を向けられるようにする。

▼きょうだいへの配慮

　保育や教育の場では、障がいのある子どもとその保護者の支援に目が向きがちであるが、障がいのあるきょうだいへの配慮もおろそかにしてはならな

い。きょうだいに障がいがあることで、保護者をはじめ、周囲のおとなは障がいのある子どもへ目や手、気持ちまでを向けがちであり、それをきょうだい自身も自覚していることも多い。しかし、一人の子どもであることに違いはないため、家庭を支援する保育者は、担当する子どものきょうだいに障がいがある際には、より一層の支援が必要となる可能性も視野に入れていかなくてはならない。

2 障がいのある子どもや家庭への支援の展開

ケース **事例から考えてみよう**
1 **自閉症スペクトラム障がいの診断を受けている子ども**

▼ ねらい ▼

　保護者の障がいに対する思いや不安を考えながら、子育てに対して前向きになるための支援方法を考える。また、保護者の意向を確認しながら、保育士としての今後の子育てに必要な情報を収集する。

事例

　F子（5歳女児）は、自閉症スペクトラム障がいと診断されている。1歳から保育所に通っていたが、特に手がかかることもなく一人で集中して遊ぶことができる子どもだった。しかし、他児が徐々に言葉を話す頃、F子はなかなかおしゃべりをすることがなく、一人でいつも同じ遊びを続けていたり、遊びを中断することができない様子がみられた。状況を聞いていた母親のHさんは、3歳になっても友だちと遊ばないF子を心配するようになり、病院に相談した結果、自閉症スペクトラム障がいの診断を受けた。

　それから、F子は児童発達支援事業を利用し、Hさんは障がいに関する専門書を読んだり、学習会に参加したりと、F子の子育てに勉強熱心な姿がみられるようになった。しかし、勉強をしても、どこかF子とは一致しない漠然とした悩みは解消されないため、最近は、今後の子育てについて不安が募り始めている。特に、就学が近づいてきているため、F子のことを考えて特

別支援学級を選択したほうがよいのか、普通学級を選択したほうがよいのか、保育士にその悩みを語ることも増えてきている。

○支援のポイント

▼障がいをみる前に、子どもをみる

　自閉症スペクトラム障がいには、よくみられる特性があるといわれているものの、一人ひとりに表出する行動やこだわり、「苦手なこと」はさまざまである。そのため、自閉症スペクトラム障がいの特性を理解するだけではなく、この事例の場合であれば、Ｆ子という一人の子どもがどういうものが好きなのか、あるいは嫌いなのか、得意なのか、苦手なのかなどを保育士は理解しようと努力することが求められる。またＨさんが抱く漠然とした不安には、"自閉症スペクトラム障がいのあるＦ子" としてみてしまっている考え方があるかもしれない。したがって保育士は、Ｈさんが熱心に勉強していることを認めつつも、Ｆ子自身をみることができるよう、一人の子どもであることや、Ｆ子としてみせる姿を保育中の姿から具体的にＨさんへ伝えていくことによって、Ｈさんをサポートすることが大切である。

▼母親の子どもに対する考えを確認する

　自閉症スペクトラム障がいにかかわらず、障がい児とその保護者は、ライフイベントがあるたびに、さまざまな部分で暮らしにくさを感じたり、決断を求められることがあり、親子ともにストレスを感じることがあるだろう。特に、進路を選択する際には、保護者は子どもの人生の大きな選択を迫られるため、子ども以上にさまざまなことに敏感に反応し、疲弊してしまう保護者もいる。そのため保育士はまず、保護者が現在抱いている子どもに対する考えをよく聴き取ることが必要である。

▼社会資源の情報収集と情報提供

　このケースでいえば "就学" について、保育士は情報を収集しておくこともひとつの支援となる。Ｆ子が通うことになるかもしれない普通学校、特別支援学校、児童デイサービスなどの社会資源やサービスの情報を収集しておき、Ｆ子が利用している発達支援事業所と一緒に母親が抱く悩みを聴きながら、適宜、情報を提示していくとよいだろう。ただし、母親が十分その情報を得ている場合もあり、病院の先生や発達支援事業所のスタッフからもさまざまな意見をもらっている可能性もある。その際には、保育士としての立場から、今のＦ子の姿から考えられる１年後、３年後、せめて中学生になる頃までの生活や育ちの見通しを伝えたり、サービスを利用したり、支援者の力を借りながら子育てをしていくことがＦ子にとっても最善であることを伝え

ていき、母親が子育てに少しでも前向きになれる気持ちをつくることに協力するとよいだろう。

 事例から考えてみよう

❷ 知的障がいのある子ども

▼ ねらい ▼

　わが子の障がいを理解していても、その時、その場面で抱える子育ての不安や落胆する保護者の思いを考える。また、子どもが子どもの集団で育つことの意味を考えながら、親子の理解者となるための保育士としての姿勢を考える。

📖事例

　知的障がいの診断を受けているN之（4歳男児）は、穏やかな性格でとても愛想がよい。ブロック遊びが大好きだが、同年齢児のブロック遊びとは異なり、自ら何かを作り出すことは難しく、一人でブロックを並べたり、積み上げたりして、それを保育士に見せることを楽しむ遊び方をしている。また、障がいの影響からか、身体的な発達もゆっくりであることから、保育士は保護者と相談して、3歳児クラスでN之の保育を行っている。普段は穏やかなN之だが、思い通りにならない場面では、まだうまく言葉を使えないため、泣き出し、暴れて自分の気持ちを表現していた。3歳児クラスのなかでも、日課についていけない、食事のペースが遅い、おむつが外れないなどの姿があり、日々の積み重ねで時間をかけて習得した生活習慣も、何かをきっかけにあっという間に消失してしまう。そのため、手が空いているときや行事のときには、主任保育士がN之のそばにつき、保育補助に入るようにしていた。母親は、わが子に障がいがあることを受け止めており、同じ障害をもつ親の会に参加したりしている。しかし最近は、送迎時の保育士と対面したときの表情も反応も悪くなってきており、「障がいがあるって分かっているんですけど…」との言葉も聞かれている。

○支援のポイント

▼母親の気持ちの揺れ動きに気付く

　集団生活のなかで、徐々に協調性が求められる発達段階になり、子どもたちも「お友だちと遊ぶ」ことに対して喜びを感じ始める時期になってきている。しかし、障がいのあるＮ之は、発達の緩やかさから実年齢より１つ低い年齢のクラスで生活することで、Ｎ之が「お友だちと過ごす」ことそのものへの心地よさや喜びを感じられるのではないかと保育士が考え、それに保護者も同意した形で行われている。その後、気をつけていかなければならないのは、保護者も同意はしたものの、日々の生活のなかで、Ｎ之と同年齢時の子どもたちが活動している姿や、Ｎ之より１つ年齢の低い子どもたちが育っていく姿を、Ｎ之の送迎や行事に参加するなかで見ることとなる。そのなかで、改めてＮ之の育ちが緩やかであることや、自分の子どもが障がい児であることを感じ、その度に落胆しているかもしれない。保育士は、そのような母親の気持ちの揺れ動きを敏感に察知しながら、さりげない声掛けや寄り添いをしていくことが大切である。

▼子どものよき理解者になる

　知的障がいのある子どものなかには、体の内面の育ちは緩やかでも、外見は順調に育っていく子どももいる。そのなかでも、内面の育ちの緩やかさから、自分の気持ちを暴れるという形で表現することが未だに続いていることに、母親の疲弊度が増してくることも考えなければならない。

　そのため、日々の生活のなかで、Ｎ之が「どうしたいと思っているのか」を保育士が誰よりもＮ之の理解者となって考えることである。そのためにも、保育所内のさまざまな保育士から見たＮ之の姿、さらには、母親から見たＮ之の姿にも気をとめ、Ｎ之の全人的な理解に努める必要がある。そこから、Ｎ之の気持ちを読み取り、どのような方法を用いればコミュニケーションが取れるのかを考えなければならない。決して、読み取りを先取りして、コミュニケーションをしなくすむようなことにならないよう注意したい。

▼同じ歩幅で歩む

　このようなケースでは、保育士と保護者の連携のための情報共有にも注意が必要である。保護者の状態像を把握せずに、保育士からの一方的な情報共有にならないよう気をつけなければならない。保育士と保護者が共同養育者となるためにも、情報の共有は大切であるが、それ以前に、互いの信頼関係がないと始まらない。情報は一方的に伝えるのではなく、特に保育士は情報を伝える場合には、保護者の状況にあわせて寄り添う姿勢に心がけながら、必要な情報を開示していくスキルが求められる。このケースの場合、保育士

が共有したい情報とは別に、保護者は共有したい、共感してもらいたい気持ちがあるかもしれない。しかし、保護者が言う前に、保育士が情報を伝え続けることによって保護者が言うのをためらっていたり、N之のこと以上に家庭生活の中で抱えている問題があり、今の状況では保育士には相談できないと思ってしまっているかもしれない。

　何よりも困っているのは子どもであり、その保護者であるということを忘れずに、N之を育てるためにはどうしたらよいのかをともに考えられる関係性を築くために、まずは、保育士から保護者の日頃の思いを聴いていかなければならないだろう。

まとめてみよう

> ①　発達障がいや自閉症スペクトラム障がいとは何か、定義を調べてみよう。
> ②　発達障がいのある子どもやその家族が使うことができるサービスとその内容をまとめてみよう。
> ③　障がいの有無にかかわらず、子どもの保育とその家庭を支援することに共通していることは何かまとめてみよう。

【参考文献】
阿部和子『家庭支援論―子どもが子どもの生活をするために―』萌文書林　2015年
上田衛編『保育と家庭支援［第2版］（学ぶ・わかる・みえる　シリーズ・保育と現代社会）』みらい　2016年
小林徹・栗山宣夫編『ライフステージを見通した障害児の保育・教育（シリーズ・知のゆりかご）』みらい　2016年
齊藤万比古総編集　宮本信也・田中康雄責任編集『発達障害とその周辺の問題（子どもの心の診療シリーズ）』中山書店　2008年
L．アダムズ（川合紀宗・若松昭彦訳）『自閉症スペクトラム障害の子どもの親となったあなたへ―子育ての手引き―』北大路書房　2016年

コラム

障がい児ではなく、一人の子どもとしての意識

　「障がい」に対する正しい知識と理解をもつことは大切である。しかし、「障がい」というフィルターを通してばかり子どもの姿をみないよう留意しなければならない。特に保育士は、子ども一人ひとりの特性を、家庭との連携のもと、十分に把握しながら、生活や発達の支援をする専門職である。とりわけ、自閉症スペクトラム障がいのある子どもの行動は個人差が大きく、集団生活を営む場所においては、保育士も苦労することがあるだろう。しかし、専門職として障がいを言い訳にしてはならない。また、保護者においても、わが子の問題となる行動がみられると、自閉症スペクトラム障がいと関連させて弁解してしまうこともあるだろう。そのような思いを抱いてきているときこそ、保育士は、保護者と手を取り合い、協同養育者として子どもの育ちを考えていく必要がある。

　近年、障がいのある子どもたちに対するサービスも充実しはじめ、就学前は児童発達支援事業と保育所・幼稚園・認定こども園等、就学後は放課後等デイサービスと特別支援学級を利用しながら、子どもの育ちの保障が図られている。そのことで、保護者の養育負担も軽減化され、障がいのある子どもをもつ保護者も仕事を継続できたり、子どもたちの居場所が増えたりとよい環境もつくられはじめている。しかし、実際には障がい児サービスはまだ成長過渡期であり、子どもにとって何が本当によいのか迷うこともあるだろう。しかし、何よりも忘れてはならないのは、子ども自身にも気持ちや考えがあることである。それを周囲のおとなが常に忘れずにいてもらいたい。

　そして、子どもの育ちには、保護者や家族が健康であることが一番である。家庭の安定がさまざまな事柄をよい方向へ向かわせることもある。それだけ、子どもの育ちにとって家庭は重要であることも忘れずに、保育士は家庭支援をしていくことが必要であろう。

第10章　子どもの貧困の理解と家庭への支援

📝子どもの貧困はなぜ問題なのか？

みらいさん　最近よく取り上げられている「子どもの貧困」って、確かに問題だと思うのですが、具体的にどう問題なのか、うまく説明できません……。

みずよ先生　そうですね。経済的に苦しいということは何となく理解できても、それがどのように子どもやその家族に影響を及ぼすのか想像するのは難しいかもしれません。

みらいさん　あと「貧困」って、働かない人やパチンコやギャンブルなどで浪費する人がなるものなのではありませんか？　「自業自得」だという気もします。

みずよ先生　うーん、その考え方は正しいとはいえませんね。現在の日本で問題になっている子どもの貧困問題の多くは、親が働いているにもかかわらず非正規労働のため十分な収入を得られないことによって起こっています。ギャンブルや浪費で貧困に陥っている人はごくわずかです。

みらいさん　えっ！　そうなんですか？

みずよ先生　そうなんです！　他の先進国と比べて、日本ではひとり親家庭、特に母子家庭が貧困状態にあることが多いです。その背景には、女性の経済的自立を支える労働環境や支援制度の遅れがあるといわれています。

みらいさん　私の友だちには、両親が離婚して母子家庭という子も何人かいます。その子たち全員が経済的に苦しいわけではなさそうだけど、なかには、高校3年の進路選択のとき、経済的な理由で大学への進学をあきらめた子がいました。そのときは、私もつらかったな。やりたいことや夢をあきらめなくてはいけないなんて……。

みずよ先生　そうですね。そういうことも、「子どもの貧困」の大きな問題点のひとつです。進学は、将来の就職先や収入とも大きく関連するものですよね？　貧困問題は、子どもの将来、さらには世代を超えて重大な影響を及ぼし続けるのです。

みらいさん　子どもの貧困が、急に身近な問題として感じられるようになってきました！　私の友だちのようなつらい思いを、他の子どもたちにさせたくないです！

みずよ先生　本当にそのとおりですね。本章では、乳幼児のいる家庭における貧困問題を取り上げ、保育所などでどのような支援が行われているか、具体的な事例を検討しながら学んでいきます。保育者は、子どもの貧困問題にいち早く気づき、子どもやその家庭を支える役割も担っています。子どもの貧困問題についてしっかり学んで、保育者として少しでも「子どもの貧困」を解決に導けるとよいですね。

子どもの貧困とは何か

① 子どもの貧困の定義とその現状

▼子どもの貧困の定義

　子どもの貧困は、18歳未満の子どものいる世帯が相対的貧困の状態にあることを示す言葉である。相対的貧困は、生存維持に最低限必要な衣食住の観点から定義される「絶対的貧困」とは異なり、当面の生存維持はできるものの標準的な生活様式や慣習、活動に参加できない低い所得水準にある状態をいう。相対的貧困の状態にある世帯で育つ子どもの場合、たとえばおもちゃや学用品、宿泊をともなうレジャー、塾やおけいこごと、高等学校等の進学にかかる費用など、日本社会で生活するほとんどの子どもが得ている物や機会が得られない状態にある。さらに、相対的貧困は単なる経済状況の問題にとどまらず、子どもやその家族が孤立せず社会的なつながりをもっているか、教育・保育の機会は均等に与えられているか、栄養や医療等が行き届き健康に成長・発達できているかなど多角的な視点でとらえるべき問題である。

▼相対的貧困率

　相対的貧困を把握する尺度のひとつに「相対的貧困率」という数値がある。相対的貧困率とは、全世帯の年間所得の中央値の半分を下回っている人の割合で、その国の所得格差をあらわしている数字である。OECD（経済協力開発機構）は、相対的貧困率の計算方法について、等価可処分所得[*1]が全人口の中央値[*2]の半分（貧困線）未満とし、それに該当する世帯員を相対的貧困者としている。なお、2015年時点のわが国の貧困線は122万円で、これに満たない金額で生活する人が全体の15.6%を占めており、相対的貧困の状態にある。

▼子どもの貧困とひとり親家庭の現状

　2015（平成27）年の「国民生活基礎調査」によれば、わが国の子どもの貧困率は13.9%であり、7人に1人の子どもが貧困状態にあるといえる（図10－1）。この数値は36か国中第24位で、OECDの平均値（13.3%）よりも高い。また、わが国では「大人が一人いる世帯」（ひとり親世帯）の貧困率が50.8%を占めており、先進国のなかでも高水準である[*3]。

　一方、「平成28年度 全国ひとり親世帯等実態調査」（厚生労働省、2017年）によると、全国に約141万9,000世帯（母子家庭123万2,000世帯、父子家庭18万7,000世帯）のひとり親世帯が存在する。母子家庭になった理由は、かつ

＊1　等価可処分所得
世帯の可処分所得を世帯人数の平方根で割って調整した金額。なお、可処分所得とは、所得から所得税・住民税・社会保険料・固定資産税を差し引いたもので、いわゆる「手取り」のことである。また、可処分所得には保育サービスのような社会保障給付による現物給付は含まれない。

＊2　中央値
等価可処分所得の値を小さいものから順に並べたとき、全体の中央に位置する値のことを中央値と呼ぶ。

＊3
2014年のOECD（経済協力開発機構）の調査によれば、子どもの貧困率が最も低いOECD加盟国は、デンマークの2.7%であった。また、日本と同じ東アジアに位置する韓国は7.1%であった。

図10-1　ひとり親家庭の現状

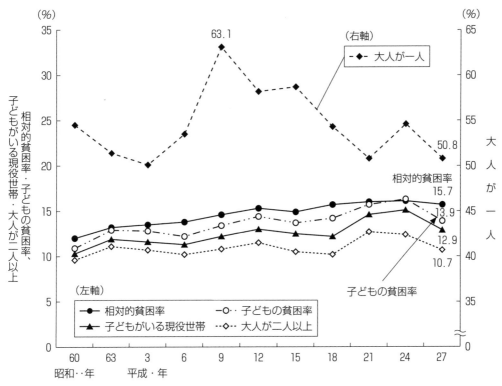

注1：平成6年の数値は、兵庫県を除いたものである。
　2：平成27年の数値は、熊本県を除いたものである。
　3：貧困率は、OECDの作成基準に基づいて算出している。
　4：大人とは18歳以上の者、子どもとは17歳以下の者をいい、現役世帯とは世帯主が18歳以上65歳未満の世帯をいう。
　5：等価可処分所得金額不詳の世帯員は除く。
出典：厚生労働省「平成28年　国民生活基礎調査の概況」2017年　p.15

ては死別が多くを占めていたが、1978（昭和53）年度の調査で生別*4と並び、現在は9割以上が生別で占めている（うち、離婚が79.5％）。また、世帯の平均年間収入（同居親族を含む世帯全員の収入）は母子家庭348万円、父子家庭573万円で、母子家庭と父子家庭との間に約225万円の差がある。また、世帯の平均年間収入は、国民生活基礎調査による児童のいる世帯の平均所得を100として比較すると、母子家庭は49.2、父子家庭は81.0であり、特に母子家庭の経済状況が厳しく、両者ともに十分な経済基盤があるとはいえない状況にある。

　さらに、ひとり親家庭の場合、別れた親からの養育費も重要な経済資源となるが、養育費を取り決めている家庭は少ないという問題も指摘されている*5。

*4　生別
本調査では、離婚、未婚の母、遺棄、行方不明等によりひとり親世帯になった場合を指す。

*5
「平成28年度全国ひとり親世帯等実態調査」によると、養育費の取り決めをしているのは母子家庭42.9％（実際に養育費を受けているのは24.3％）、父子家庭20.8％（同3.2％）にすぎない。取り決めをしていない理由については、「相手と関わりたくない」（母子：31.4％、父子：20.5％）、「相手に支払う能力がないと思った」（母子：20.8％、父子家庭：22.3％）という回答が上位を占めている。

②　子どもの貧困の問題点

▼母子家庭と非正規労働

　わが国の子どもの貧困は、ワーキング・プア（働く貧困層）の問題と密接にかかわっている。わが国では、幼い子どもを育てている女性を正社員・正規職員として雇用することに消極的な企業等が依然として多い。一方、比較的就職先が多い都市部は、待機児童問題が深刻で子どもの預け先の確保が難しいため、仕事と育児・家事等の両立は簡単ではない。特に、母子家庭の母親については、離婚等にかかわるさまざまな事情や生活上の困難[*6]が伴いやすいという状況も相まって、賃金は低いものの比較的短時間労働がしやすく、職務上重い責任を負わされにくい、パート、アルバイト、派遣といった非正規雇用を選ばざるを得ない環境にあるといえる。そのため、一人で家計を支える母子家庭の母親は、就労しているにもかかわらず、非正規雇用のため十分な収入が得られないことによって生活が困窮している、つまり、ワーキング・プアが多いという実態である（図10-2、10-3）。

　しかしながら、「子どもの貧困問題＝母子家庭」とは限らないことも念頭に置いておかなければならない。両親ともにいる家庭、父子家庭などにおいても非正規労働の広がりとともに子どもの貧困問題は広がっており、なるべく先入観をもたずに子どもや保護者をとらえていくことが必要である。

▼乳幼児期の子どもの貧困と「貧困の世代的再生産」

　乳幼児期に貧困状態にあると、その後の成長・発達に影響を及ぼすだけでなく、おとなになったときにも貧困に陥ってしまう可能性が高いという研究結果が報告されている[1][*7]。基本的な生活習慣や自主性などを身につける「人間形成の土台」といえる乳幼児期に貧困家庭に育つと、食事（栄養）や医療をはじめとする生活環境に大きな不利を負うことになり、「人間形成の土台」をしっかりと培うことに困難が伴う。また、貧困家庭では、親が子どもを大学など高等教育へ進学させる意向が低い傾向にあり、子どもの人生の機会や選択肢が早期に狭められてしまう可能性も高い。このように、乳幼児期の貧困は、人生のスタート時点から不平等を生み、子どもからさまざまな機会や体験、やる気を奪ってしまう恐れがある。さらに、貧困から抜け出すことは簡単ではなく、乳幼児期以降も貧困は継続していく傾向にあり、貧困が及ぼす悪影響を受け続けてしまうのである。そして、乳幼児期の貧困が長期化し、おとなになってもなお貧困だった場合、さらにその子どもにも影響を及ぼす。つまり、貧困が一世代にとどまらず世代間で貧困が固定化する、いわば「貧困の世代的再生産」が引き起こされる[2]。

*6
離婚をはじめとする生別によって母子家庭となった母親は、別れた相手（子どもにとっての父親など）との金銭的・感情的なトラブルへの対処、住む場所の確保など、様々な諸手続きや対応が必要である場合が少なくない。さらに、乳幼児を引き取って育てている母親は、日常的な世話はもちろん、急病などの対応も一人で行わなければならないことが多いため、一人で子育てと仕事を両立し続けるには、相当な負担と困難が伴い続ける。

*7
ノーベル経済学賞を受賞したヘックマン（J. J. Heckman）は、著書『再配分より事前配分を』において、社会政策学者エスピン・アンデルセンは、著書『アンデルセン、福祉を語る』において、それぞれ貧困の影響を緩和する支援は就学前に特に手厚くなされなければならないことを指摘している。

図10－2　ひとり親世帯の親の就業率の推移

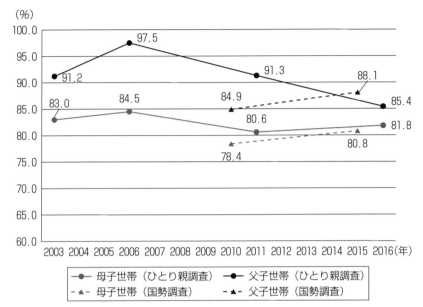

注：母子世帯/父子世帯（ひとり親調査）：父/母のいない児童（満20歳未満の子どもであって、未婚のもの）がその母/父によって養育されている世帯。
　　母子世帯/父子世帯（国勢調査）：未婚、死別又は離別の女親/男親と、その未婚の20歳未満の子供がいる一般世帯。（他の親族が同居している場合も含む。）就業率は、母・父が就業者である母子・父子世帯数/母子・父子世帯総数により算出。
資料：厚生労働省「全国母子世帯等調査」（平成15・18・23年度）、「全国ひとり親世帯等調査」（平成29年度）、総務省「国勢調査」（平成22・27年）より作成
出典：内閣府「第9回　子供の貧困対策に関する有識者会議【資料2】」2018年　p.19
　　　https://www8.cao.go.jp/kodomonohinkon/yuushikisya/k_9/pdf/s2.pdf

図10－3　ひとり親家庭の親の正規の職員・従業員の割合の推移

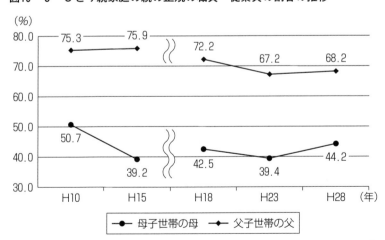

注1：平成18年度以前の全国母子世帯調査においては「正規の職員・従業員」ではなく「常用雇用者」の集計がされている。
　2：「常用雇用者」とは、会社、団体、官公庁など雇用期間について特定の定めがない、あるいは1年を超える期間を定め雇われる者をいう。
資料：平成10・15・18・23年度は厚生労働省「全国母子世帯等調査」、平成28年度は厚生労働省「全国ひとり親世帯等調査」より作成
出典：内閣府「第9回　子供の貧困対策に関する有識者会議【資料2】」2018年　p.19

そのため、他の先進国では、乳幼児期の貧困をなくすため、保育の整備に務め、乳幼児のいる家庭への手厚い支援を行っている。たとえば、出生率が回復傾向を示したフランスをはじめとする国々（ヨーロッパ、特に北欧諸国）では家族手当などの現金給付や税制優遇といった経済的支援が手厚く行われている。また、フィンランドでは、「Finish Baby Box」と呼ばれる乳児用の衣類やケア用品の詰め合わせが給付され（現金給付も選べる）、地方自治体が設置・運営する拠点施設「ネウボラ」＊8において妊娠期から出産、子どもの就学前までの間、母子等へのワンストップの支援が行われている＊9。

③ 対応・支援の流れと留意点、関係機関・団体との連携

▼貧困問題への対応の流れ

保育所や認定こども園などにおける子どもの貧困問題への対応の流れは、図10-4のとおりである。基本的には、保育者による気づきを出発として、状況把握、園内での情報の共有、対応の検討、対応の実施の順に対応されるが、状況に応じて他の関係機関や団体へとつなぐことも重要である。

特に、子どもの貧困問題は、経済的に苦しいため食事を与えない、けがや病気の際に病院に連れて行かないなどといった、ネグレクト（養育放棄）をはじめとする子ども虐待の直接的・間接的な要因になることが少なくないため、市区町村の子ども虐待の担当課や児童相談所をはじめとする関係機関などへつなぎ、それら機関等と密に連携をとりながら子ども・家庭を支援することを視野に入れなければならない。

▼支援の際の留意点

①気づきのサイン

保育所や認定こども園などにおける子どもの貧困の気づきのサインは、保育料をはじめ「納入すべきお金の支払いが滞っている」といった直接金銭にかかわる出来事で発覚することもあるが、それ以外の保護者による「困った」行動からみえてくることも少なくない。たとえば、「忘れ物が多い」「連絡帳を読んでいないようだ」「持ち物に記名をしない」「洗濯をしないようで、汚れた衣服を着ている」「登園時間がバラバラ、欠席しがち」「朝食を食べさせてこない」「風邪をひいても病院を受診していない」「遠足などの行事に参加しない」など、一見すると金銭とは直接結び付かない行動である。

こうした保護者の行動は一見「だらしない」「怠けている」ように映るが、その背景にある生活実態や保護者の成育歴などにも目を向けながら、丁寧にかかわっていかなければならない。過酷な長時間労働によって心身ともに疲

図10－4　保育所・認定こども園等における子どもの貧困への対応・支援の流れ

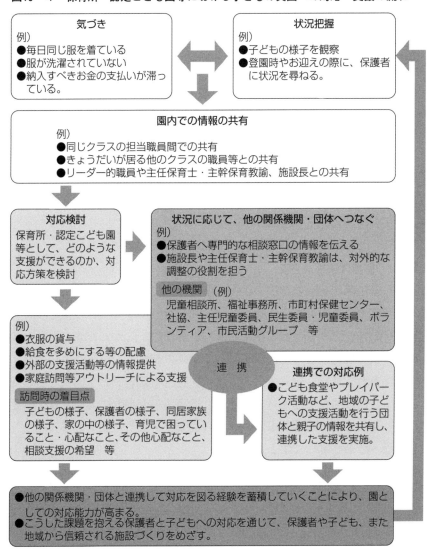

出典：全国社会福祉協議会・全国保育士会「保育士・保育教諭として、子どもの貧困問題を考える―
　　　質の高い保育実践のために―」2017年　p.9
　　　http://www.z-hoikushikai.com/about/siryobox/book/hinkon.pdf

労しているために洗濯や朝食の準備ができなかったり、登園時間を一定に保
てなかったりする可能性があるのである。また、保護者自身が「（忘れ物が
ないように）明日の支度をする」「持ち物に記名をする」という習慣をもた
ない家庭で育ち、その必要性を十分に理解していないかもしれないことなど
も、常に念頭に置いておかなければならないのである。

②判断は一人でしない

　気になる子どもや保護者がいた場合、貧困に起因するものなのか、他の要

因によるものなのか見極めることも重要である。たとえば、子どもが汚れた衣服を着て、朝食を食べてこないといった「気づきのサイン」がみられる場合、貧困だけでなくネグレクトなど子ども虐待の可能性についても視野に入れながら対応しなければならない（第8章参照）。

　また、保護者の収入が低く世帯として経済的に困窮していても、子どもの育ちに必要なことには優先してお金を使っている場合には、保護者が支援を必要としているのに気づくことが難しい場合もある。

　そのため、ささいな情報でも職員間で共有し、複数の職員がそれぞれ違う角度で子どもや保護者の様子をとらえ、さらにそれを共有することによって問題の要因を推測し、解決の糸口をつかんでいくことが重要である。一人で判断しようとすれば、気づきのサインを見落としたり、要因を見誤ったりして、その後の適切な対応につなげることが難しくなるのである。

③保護者との信頼関係を大切に

　「子どもの最善の利益」を守ることを使命としている保育者は、子どもの貧困の気づきのサインである保護者の「困った」行動について、「だらしない」「子どもがかわいそう」などと感じるかもしれない。しかしだからといって、保護者を非難し排除することは「子どもの最善の利益」を守ることにつながらない。保護者を非難し排除することは、保育所や認定こども園などと、保護者との間の信頼関係を崩す行為である。信頼関係が崩れてしまえば、子どもを登園させなくなる可能性もあり、その場合、子どもの命を守ることさえも難しくなってしまうのである。

　保育所や認定こども園などは、子どもにとってだけでなく保護者にとっても大切な社会の窓口であり、保育者はともに子育てをするパートナーでもある。保護者との信頼関係を築くことが「子どもの最善の利益」を守ることにつながる。貧困や子育てに悩む保護者の自尊心を傷つけないよう言動などに配慮しながらも、「何か困っていることはない？」「実はこのことで困っているの」と率直に言える関係を日頃から積み重ねていくことが大切である。具体的には、登・降園時の挨拶にはじまり、「お仕事どう？」といった日常の何気ない会話や励まし、必要に応じて家庭訪問や職員による登園補助など、さまざまに工夫を凝らしながら保護者を支えていくことが求められる。

▼他の関係機関・団体との連携

　子どもの貧困問題については、保育所・認定こども園だけでは対応しきれない場合もあるので、日常的に他の関係機関・団体と連携しておくことが重要である。どのような関係機関・団体と連携するかは事例によりそれぞれ異なるが、想定される機関・団体は表10-1のとおりである[3]。

表10－1　保育所・認定こども園の連携先として想定される機関・団体

機関・団体		連携の概要
公的機関	小学校およびスクールソーシャルワーカー	就学前教育・保育を行っている施設と小学校との連携は重要との認識が広がっており、子どもの貧困問題にかかわらず、情報共有をはじめとする連携が開始されている。就学直前の子どもが貧困問題を抱えている場合、さらに、その子どもに小学生の兄や姉がいる場合、子どもや家庭の状況などの情報を小学校の教員やスクールソーシャルワーカーと共有し、協力し合いながら子どもや家庭を支援することが求められる。
	市区町村	子ども虐待の一義的な相談窓口として、ネグレクトなど子どもの貧困問題が引き金となった虐待が発生するおそれがある場合に、情報を共有するとともに今後の対応を協議し、協働で家庭を見守り支援する。
	福祉事務所	貧困問題を抱え、生活保護制度の利用が想定される場合、また、住居の確保などの課題が想定されうる場合には、生活保護申請や母子生活支援施設への入所申請の窓口である福祉事務所と連携するのが有効である。また、子ども虐待の通告・受理機関の一つでもあるため、ネグレクトなど子どもの貧困問題が引き金となった虐待が発見された時などに、情報を共有するとともに今後の対応を協議し、協働で家庭を見守り支援する。
	家庭児童相談室	福祉事務所内設置の「家庭児童相談室」は、児童相談所との連携、保健所・警察・学校・児童委員・主任児童委員などとの協力関係の形成と情報共有、要保護児童対策地域協議会への参加等、子ども家庭相談の中心的な役割を担うため、積極的な連携が望まれる。
	市町村保健センター	住民に身近で基本的な母子保健サービスを提供する機関であり、乳幼児健康診査や養育支援訪問事業等を通して子どもや家庭の状況を把握し支援している。相互に情報提供するなど日常的にかかわりをもつことで協力関係を作り、協力し合いながら支援を行う。
	要保護児童対策地域協議会	要保護児童や養育支援を特に必要とする子ども・保護者（妊婦）への支援において関係機関の連携を推進するための組織であり、情報交換や支援内容についての協議を行う。この組織で行われる、個別支援対象となっている子ども等に対する具体的な支援内容を検討する「個別ケース検討会議」において、自園の子どもが対象となっている場合には、園長などが関係機関の担当者として出席し検討を行うことが想定される。
医療機関：病院・診療所（産婦人科・小児科）		地域の医療機関（病院・診療所）と日常的にかかわりをもち、必要に応じて保護者に利用を勧めるとともに、スムーズに情報共有等ができるようにしておくことが望まれる。
民生委員児童委員、主任児童委員		民生委員（担当区域の子ども・子育て家庭の状況を把握し相談や支援を行う児童委員を兼ねる）、あるいはより専門的な支援を行う主任児童委員と日常的に情報共有し、必要な際にはスムーズに協力して支援ができるようにしておくことが望まれる。
児童福祉施設：児童養護施設・乳児院、母子生活支援施設、児童発達支援センター等		地域の各児童福祉施設と日常的にかかわりをもち、必要な際にはスムーズに情報共有や支援等ができるようにしておくことが望まれる。また、各施設にはそれぞれの専門性があるため、必要に応じて専門的な助言等を受けることも有効である。なかでも、乳児院、児童養護施設、母子生活支援施設といった社会的養護施設を退所し家庭に戻った子どもについては、貧困等のリスクが高いため、地域のなかで見守り、支援を継続していく必要があり、保育所等はその担い手として重要である。
社会福祉協議会		社会福祉協議会は地域福祉を促進する民間団体であるが、事業内容は各地域の特性に応じて異なるため、まずは子どもや家庭に対する事業内容を十分に把握して日常的にかかわりをもち、利用できそうな事業等があれば子どもや保護者に利用を勧めるとともに、必要な際にはスムーズに情報共有等ができるようにしておくことが望まれる。
その他、こども食堂やプレイパーク活動など地域で子どもへの支援活動を行う民間の子ども・子育て支援団体およびボランティア・市民グループ		地域で活動する各団体等の支援（代表）者および支援内容を十分に把握して日常的にかかわりをもち、必要な際には子どもや保護者に利用を勧めるとともに、スムーズに情報共有等ができるようにしておくことが望まれる※。

※：これら団体等は、通常、職務上の「守秘義務」が課せられていないので、連携対象として情報を提供することは難しいという課題もある。そのため、これら団体等との連携を進める際には、個人情報の提供や保護に関する契約等を事前に交わすといった対応などが必要な場合がある。

このような外部の組織・団体との連携に際しては、日頃から情報の交換や共有を図り、関係性を構築しておく必要がある。そして、円滑な連携を行うため、保育所、認定こども園等の施設長や主任保育士・主幹保育教諭など、管理的な立場にある者が窓口となり、連絡・調整の役割を担うことが求められる。

　なお、保育士には「守秘義務」が「児童福祉法」（第18条の22）で規定されており、「正当な理由がなく、その業務に関して知り得た人の秘密を漏らしてはならない」とされている。児童虐待が疑われる場合などは、守秘義務より「通告義務」が優先され、積極的な関係機関との情報共有や連携が求められる。しかし、児童虐待には該当しない「子どもの貧困」問題において、保育所・認定こども園等が関係機関・施設と情報共有や連携をする際には、保護者から情報提供等に関する同意を取らないかぎり、「正当な理由」を有することが前提となる。その意味においても、施設長などの管理的な立場にある者が連携・調整の役割を担うことは重要である。施設長などの管理的な立場にある者が主導しながら、園内で連携等が必要なケースの精査、適切な連携先の選定など、情報共有や連携が必要な理由の正当性を担保するような手続きを経て連携等にあたらなければならない。

　また当然、保育所・認定こども園等が関係機関・施設と連携等を行う際には、できる限り事前に保護者の同意を得るようにしなければならない。しかし、保護者が貧困などの問題を隠していたり、認めていない場合など、事前に保護者の同意が得られそうにないケースは多々ある。

　貧困などの問題を隠し、認めない保護者にとって、園側と関係機関等との連携を行うことは、たとえそれが「子どもの最善の利益」を守るために「正当な理由」のあることだとしても、「親失格と決めつけられた」などと感じさせ、自尊心を傷つけ、苦痛を与える可能性がある。支援する側である保育者はそのことを念頭に置き、情報共有・連携の理由や必要性を園内で確認したうえで、まずは、連携等していることをできるだけ表に出さず、保護者に「あなたの味方である」というメッセージを伝えて寄り添う姿勢を前面に出し、信頼関係を崩さないよう対応していくことが求められる。

子どもの貧困問題における支援の展開

 事例から考えてみよう

 週明けのおむつかぶれ

▼ **ねらい** ▼

　子どもの養育がうまくできない保護者の様子の背景には、子どもの貧困問題が隠れていることがある。事例の検討を通して、子どもの貧困問題についての気づきやその後の支援内容・展開について実践的な手がかりを得る。

✎**事例**

　M代（1歳女児）は、母親が産後うつ病を発症し療養中であるため、入園当初から父親のDさんが送り迎えをしている。Dさんは、忙しい様子で支度を済ませると保育士と話をする間もなく足早に仕事へ向かうことが多い。M代は、起床後おむつ替えをしていないようで、たっぷりと尿がしみ込んだ重たいオムツで登園していた。そのため登園後は、むずむずとして動かないことが多かった。

　夏場になると、週明けの登園日にはお尻にあせもができて赤くただれてしまい、お尻が痛いためか、座った状態で遊ぶことができず、M代は不機嫌に過ごす日々が続いた。

○支援の展開

▼最初の気づきと支援

　起床時におむつを取り換えていないようだということに気づいた担任のL保育士は、同じクラスの保育士間で、登園後にM代のおむつをすぐに替え、園にいる間はこまめに替えること、お湯シャワーで清潔にし、汗をかいているときは沐浴することを決めた。しかし夏場の休日明けにお尻がただれてしまったことを受け、父親のDさんに、送迎に来た際に朝や休日の過ごし方を尋ね、お尻の件で病院を受診することと、できれば昼間もお湯シャワーでお尻を洗い、こまめにおむつを替えるよう勧めることにした。

Dさんは、仕事が忙しく朝はあわただしいこと、休日は遠方の祖父母がたまに手伝いに来てくれることはあるが、普段は正社員になるため資格取得の勉強をしつつM代を一人で世話していると話した。そして、L保育士の提案について、「おむつ替えはM代がじっとしてくれないので苦手だし、今、経済的に苦しくて節約しているので、おむつはなるべく使わないようにしている」「保育所にもっていくおむつもできれば減らしたい」と話した。しかし、病院への受診やお湯シャワーについては、「やってみる」と返事をした。

　数日後、Dさんは、M代を連れて病院を受診したようで、おむつ替えの際に塗る「塗り薬」を保育所にもってきてL保育士に渡した。しかし週明けにはまた、お尻にただれがある状態の繰り返しが続いた。

▼保育士による気持ちの受け止めとさらなる助言

　L保育士は主任保育士に相談し、まずはDさんに、病気の妻を抱えて一人で子育てしていること、一家を支えるために非正規雇用から正規雇用になるよう頑張っていることを理解しているという思い、そして園として支えていくことを伝えるように心がけた。同時に、こまめにおむつ替えやお尻のケアをすることで症状がよくなれば、M代は日中笑顔で遊んでいることを丁寧に伝えることにした。また、おむつ替えのときにお気に入りのおもちゃをもたせ、歌を歌ってあげると、少しじっとしていることができ、おむつ交換がしやすくなること、大便のときなどはシャワーでお尻をまるごと洗ってからおむつをはかせるとよいことも伝えた。

　その後、Dさんから日常の忙しさや経済面での不安、子育ての心配を話してくれるようになった。M代との遊び方や世話の仕方などについては、L保育士からそのつどアドバイスできるようになった。

　さらに、L保育士は主任保育士と相談し、利用料がかかるものの、休日や病中・病後で保育所に預けられないときなどにM代の面倒をみてくれる、ファミリー・サポート・センターや病児保育事業の利用ができること、地域子育て支援センターでは、父親向けの講座や座談会を実施していることなどの情報を提供することにした。

▼保護者（Dさん）の変化

　Dさんは、早速ファミリー・サポート・センターの利用を開始した。センターから依頼を受けた援助会員に自宅に来てもらいM代の面倒をみてもらったところ、M代もすぐに懐いて遊んだため、資格試験の勉強がはかどったこと、また、時間に余裕ができたら、M代を連れて地域子育て支援センターの座談会に参加するつもりがあることも嬉しそうに話してくれた。

　その後、Dさんは資格試験に合格し、目標だった正社員にもなることがで

き、収入が安定するようになったという。未だに週明けにお尻がただれていることはあるが、保育士たちがお迎え時の保護者Dさんに「休日はゆっくりと過ごせましたか」と声かけし、忙しくしている様子の場合は「大変でしたね。M代はお父さんのことが大好きだからさびしかったかな」と優しく話しながら子どもとの時間を大切にしてもらえるような言葉かけをしている。

　今後も、クラスの保育士および園内の職員が連携して、M代親子の関係や家庭状況を注意深く見守っていく方針である。

ケース 2　事例から考えてみよう
登園時間が遅く、機嫌の悪いY平

▼ ねらい ▼
　日頃登園時間が遅く、朝食も家で食べていない子どもの様子から、その背景にある保護者の生活状況について考える。さらに、把握した生活状況から必要な支援を考える。

事例

　Y平（4歳男児）は、いつも登園が遅めで時間もバラバラだった。朝食を家で食べてこないようで、登園時にはかじりかけの菓子パンを手にもっていることが多かった。登園時のY平は無表情で、午前中は自分からおもちゃや友だちに向かっていくこともなく、機嫌が悪いことが多かった。Y平の母親Eさんはいつもあわただしく、Y平の様子を気にとめている様子もなかった。

○支援の展開
▼Y平の家庭状況

　登園時のY平の様子が気になった担任のI保育士は、主任保育士に相談し、担任であるI保育士から、Y平の母親Eさんに家庭の状況を尋ねてみることにした。

　その結果、Eさんはひとり親で、パート勤務で生計を立てながら一人でY平を育てており、遠方に暮らす祖父母からは経済的にも援助が受けられないということがわかった。Eさんは、Y平との二人の生活を維持するために月曜日から土曜日まで毎日長時間働かなければならず、時間的にも経済的にも

余裕がないということであった。さらに、Ｅさんには持病があり、過労で悪化してしまったが、病院に行く時間がとれず受診できていないということもわかった。

▼保育士による助言

この結果をＩ保育士と主任保育士は園長に報告し、対応の相談をした。そして、まずはＥさんに病院を受診するよう説得することとなった。

Ｉ保育士に病院への受診を強く勧められたＥさんは、ようやく休暇をとり受診したところ、「しばらく休養が必要」との診断が下りた。しかし、Ｅさんは仕事を休もうとすることはなく、持病の悪化はさらに進んでいるようであった。

▼他機関（福祉事務所）との連携

この状況を心配したＩ保育士は、再度、主任保育士と園長に相談した。そこで、生活保護を申請し、申請が通ればしばらく職場を休んで休養してはどうかとＥさんに提案することとなった。すると、Ｅさんは、「持病は悪化するばかりだけど、お金も必要だから仕事をやめようとは思えなかった。そういうもの（生活保護）が利用できるとは知らなかった」といって提案を受け入れた。

主任保育士は市役所内にある福祉事務所に連絡し、Ｅさんの状況と生活保護を申請する意向があることを伝え、生活保護申請に必要な手続きについての情報を集め、Ｅさんに伝えた。そして、申請するときも市役所まで付き添った。

▼Ｙ平と保護者（Ｅさん）の変化

その後、生活保護申請が通り、Ｅさんは３か月ほど休職して持病の回復に努め、その後は勤務時間を短縮して仕事に復帰した。Ｙ平の様子にも明らかな変化がみられるようになった。まず、朝食を家でとるようになり、登園時間も整うようになった。保護者Ｅさんの生活に時間的な余裕ができ、家でＹ平と過ごす時間が増えたためである。そのような生活の変化にともない、Ｙ平は、午前中から生き生きとおもちゃや友だちに向かい、笑顔で遊ぶようになった。

🖋 まとめてみよう

> ①　子どもの貧困の問題点についてまとめてみよう。
>
> ②　保育者が「子どもの貧困」問題に対応する際の留意点についてまとめて
> みよう。
>
> ③　本章で取り上げた事例（ケース１、ケース２）を読み、考えたことや発
> 見したことをまとめ、グループで発表しあおう。

【引用文献】

１）J. J. ヘックマン（古草秀子訳）『幼児教育の経済学』東洋経済新報社　2015年

２）小西祐馬「乳幼児期の貧困と保育─保育所の可能性を考える─」秋田喜代美・小西
　　祐馬・菅原ますみ編『貧困と保育─社会と福祉につなぎ、希望をつむぐ─』かもが
　　わ出版　2016年

３）山縣文治監　全国社会福祉協議会・全国保育士会「保育士・保育教諭として、子ど
　　もの貧困問題を考える　質の高い保育実践のために」2017年

【参考文献】

平松知子「人生最初の６年間で育めるもの─保育所保育から見る貧困と福祉─」秋田喜
　　代美、小西祐馬、菅原ますみ編『貧困と保育─社会と福祉につなぎ、希望をつむぐ─』
　　かもがわ出版　2016年

吉田幸恵・山縣文治編『新版 よくわかる子ども家庭福祉』ミネルヴァ書房　2019年

山縣文治『子ども家庭福祉論［第２版］』ミネルヴァ書房　2018年

コラム

保育所は子どもの貧困から子どもと親を救うためにつくられた

　今から120年ほど前の1900（明治33）年、野口幽香、森島峰という若き二人の保育者によって二葉幼稚園（のちに二葉保育園と改称）が開設され、その実践は現在の「保育所の原型」というべき優れた内容であったということは広く知られている。それでは、二葉幼稚園は、貧しい地域の子どもたちを受け入れ保育し、仕事で忙しい親の生活を支える、いわば「子どもの貧困」から子どもと親を救うためにつくられた施設であったということはご存じだろうか？

　二葉幼稚園の保育実践は、『第十五年報告（大正三年）』にその要点が記されているので以下に紹介する（なお、文章は原文のままではなく、筆者が一部、現代的な仮名遣い等に直し読みやすくした。下線も筆者による）。

　　二葉幼稚園の目的はこの幼い子どもを、なるべく悪い感化の少ないうちに、家庭から引き離し、日あたりもよければ風通しもよく、花も咲けば鳥もうたっているという心持のいいところへ連れて来て、鼻を拭う事も教えれば髪も結うてやる、耳の垢とりから爪とり、お湯にもいれて、清潔ということを教える、お話もしてやるし唱歌や遊戯いろいろの仕事に至るまで、子どもの本性たる活動を、真から満足するようにしてやる。一方から考えれば<u>無教育な親や罪悪にとりまかれている彼らの社会から、子どもを取り上げてしまいたくもなる。けれどもいくらわからなくても、親は親、ノミやシラミに攻められながらも相抱いて眠るその間に、親の方には望みができ、子どもの方には親を思う情愛が養成される</u>という妙味が存するので幼稚園としては、昼の間、なるべく永い時間預かるのが、最適当な方法と考えております。大きくなったなら、職を覚えても小僧になっても、正直でまじめないい職人いい商人にしてやりたい。それからまた<u>親の方を思えばいたずら盛りの子どもを終日引き取って、内職のよくできるようにしてやり、皆を集めてお話をきかせることもあれば、子どもがなかだちとなって先生と親しみが重なるその間に、育児の方法や衛生上の知識も与え、信仰の談をして安心立命を伝えることもできる</u>のであります。

　上記の下線部の通り、子どもと親を切り離して考えるのではなく、子どもを預かることを通して親を支え、さらに、育児方法や衛生上の知識を与えるなどして、親が「親として」成長していくことを目指していることがわかる。これは現在でいうところの「子育て支援」である。

　いつの時代にも「子どもの貧困」問題は存在しており、保育所はそれに対応してきた長い歴史がある。現代に生きる私たちも、そのことを念頭に置き、目先の現象にとらわれ過ぎることなく、先人に学びながら「子どもの貧困」問題に対応していくことが重要ではないだろうか。

参考文献：宍戸健夫『日本における保育園の誕生―子どもたちの貧困に挑んだ人々―』新読書社　2014年

終章　保育と子ども家庭支援

 保育が子ども家庭支援に果たす役割

① 子育て実践力の基盤をつくる働き

▼生活習慣の自立を支える

　保育は子どもの生活を主体とした養護と教育の一体的な取り組みである。そして、保育の主な対象となる乳幼児期は、食事や排せつ、着脱衣などの基本的生活習慣を身につけるとともに、生活文化や集団のルールを学ぶ重要な時期である。このような自立の基盤をつくる働きかけは、かつて地域や家庭養育を中心に行われていたが、低年齢児保育が普及する現在（図終－１）、その多くを保育所等が担うようになってきている。もちろん、子育ての主体は家庭であり、保育者は日常生活における子どもへの働きかけ方を、具体的かつ子どもの実態をふまえた形で伝えることで、家庭の子育て実践力を高めている。

▼子育ての継承

　鯨岡駿は、親となるプロセスを「育てられる者」から「育てる者」への成長として述べている。その転換点に大きくかかわるもののひとつが保育所等

図終－１　保育所等待機児童数および保育所等利用率の推移

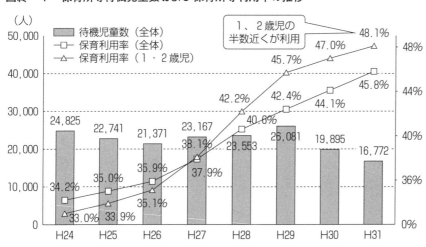

出典：厚生労働省「保育所等関連状況取りまとめ（平成31年4月1日）」2019年を一部改変

である。保育者は、子どもの育ちを中心に据えながら、親が「育てる者」としての役割を受け入れ、子育てという営みを実践できるよう見守っていく。ときには、親の悩みや葛藤に寄り添いながら、具体的な指導を行っていく。保育所等は、親としての成長を支えることで、「子育て」を次世代へとつないでいく役割を果たしている。

② 切れ目のない支援における働き

▼妊娠期からの切れ目のない支援

現在の日本における子育て支援施策は、母子保健による妊娠期のサービスからはじまる。母子健康手帳の発行を機に、保健サービス担当者が妊産婦の状況を把握すると同時に、妊産婦自身にサポートを受ける権利があることを知らせる。慣れない乳児の養育と自分自身の体調変化が訪れる、嵐のような出産後の状況を考えれば、出産前は比較的心身が安定しており、多くの妊産婦は子育てへの期待や憧れをもつ。このような時期に、子育て支援の社会サービスと良好な関係を築くことは、その後の支援の積極的利用につながると同時に、支援の網から漏れてしまうリスクを小さくすることができる。

子ども子育て支援新制度における利用者支援事業は、子育て家庭が円滑に支援サービスを利用できるようにするサービスであるが、なかでも母子保健型の事業実施によって、子どもの誕生前から一貫した支援の窓口を提供する取り組みが広がりつつある。このような「ワンストップ型」の支援は、フィンランドにおける子育て支援「ネウボラ」[1]を参考に各自治体で取り組まれており[2]、産前産後期の積極的サポートから、その後の成長に応じたサービス紹介にいたる切れ目のない支援の実施が少しずつ進んでいる。

現状では、母子保健サービスから保育サービス、保育サービスから小学校以降の教育サービスへとつながる段階での円滑な連携が十分とはいえない。切れ目のない支援、ワンストップ型の支援を構築していくには、柔軟な仕組みづくりや工夫が必要とされている。

▼切れ目のない支援における保育サービス

子どもの育ちに沿って子育ての様相は変化する。保護者が直面する課題は時期によって異なり、そのつど、必要な支援を探すこととなる。切れ目のない支援の取り組みは、このように変化する子育てを継続的に支える重要性に着目している。特に保育活動は、生活に密着した支援であるため、子どもとその家族に寄り添いながら、「精神的サポート」と「サービスマネジメント」を提供できる。母子保健から教育への移行期間に、異なる支援をつなぎなが

＊1　ネウボラ
第10章p.154参照

＊2　各自治体での取り組み
千葉県浦安市などでは、母子健康手帳の申請者に贈る「子育てパッケージ」をインセンティブとして、子どもの誕生を共に喜ぶ支援関係をつくっている。

ら、子育て家庭を一貫して支える基盤づくりを行う役割を保育サービスが担っている。

　保育者は、これまで以上に母子保健や小学校教育に関する情報収集に努め、連携を図っていくことが求められるであろう。同時に、子どもの生活に密着した支援者であること、親の子育て力の基盤をつくる働きを担うという特性を、切れ目のない支援のなかで最大限に発揮していくことが期待される。

③　子どもや子育ての価値を高める働き

▼子どもが尊重される社会に

　OECDが継続的に発表している「Starting Strong（人生のはじまりを力強く」や、アメリカのヘックマン（J. Heckman）による論文等の影響から、乳幼児期を中心とする保育・教育の効果が、社会的にも認められるようになってきた。保育・幼児教育の質が乳幼児期の経験に多大な影響を及ぼし、その後の人生に反映されるため、国家の利益にかかわるという考え方である。このことは、保育が、乳幼児期にふさわしい経験を保障するとともに、「ふさわしい経験」の内容を社会に伝えるという使命をもつということでもある。子どもに対する直接的な保育や保護者、および地域の子育て家庭に対する支援を通して、ふさわしい経験とそれを支える子育てのあり方を伝えていかなければならない。

　2019（令和元）年の児童虐待防止法改正では、保護者が「しつけ」と称して体罰を加えることを禁止する内容が盛り込まれた[*3]。また、民法の懲戒権についても、施行後２年をめどに検討することが記されることとなった[*4]。絶えることのない児童虐待の多くは、保護者が自分本位の理由で、子どもに不適切なかかわりを行っている。社会にとって何よりも大切なのは、子どもが望ましい経験を重ねていくことであり、保護者が適切な養育を行えるよう支援することである。

　法令による「体罰の禁止」が遵守されることを期待するとともに、保育の場で、子ども理解や適切なかかわり方を具体的に伝えることで、すべての子どもが尊重される社会へとつながるのではないだろうか。

▼子育ての価値を高める

　ベネッセ教育総合研究所による調査「未妊レポート2013－子どもを持つことについて」によれば、25〜29歳の未婚男性の55％未婚女性の65％は、「ぜひ子どもが欲しい」「できれば子どもが欲しい」と回答している一方で、男性の45％女性の35％は、「子どもはいてもいなくてもよい」「子どもは欲しく

＊3
「児童の親権を行う者は、児童のしつけに際して、体罰を加えることその他民法（明治29年法律第89号）第820条の規定による監護及び教育に必要な範囲を超える行為により当該児童を懲戒してはならないこと」（児童虐待防止法第14条第１項）。

＊4
「政府は、改正法の施行後２年を目途として、民法第822条の規定の在り方について検討を加え、必要があると認めるときは、その結果に基づいて必要な措置を講ずるものとする」（令和２年４月１日施行「児童虐待防止対策の強化を図るための児童福祉法等の一部を改正する法律」附則第７条第５項）。

ない」「子どもを持つことについて考えていない」と回答しているという。また、子どもを持つことについて、男性・女性ともに4割以上が「経済的な負担が重くなる」と回答しており、特に女性は、「自分の自由な時間が制限される」「仕事との両立が大変である」に4割以上が「あてはまる」と回答している。若干古いデータではあるが、子育てに対する意識が二極化していること、育児へのマイナスイメージが高いことが十分にうかがわれる。国や地方公共団体がさまざまな子ども家庭支援サービスを実施しているにもかかわらず、少子化に歯止めがかからないのも、このようなマイナスイメージが影響していると思われる。

　一方で社会における子どもや子育ての価値を認める流れも出てきている。子ども・子育て支援新制度や幼児教育無償化等の施策にみられるように、従来の高齢者中心の社会保障から、子ども・子育てにも視点を向けた全世代型社会保障への転換が見られている。少しずつではあるが子どもや子育ての価値に気づき始めた社会のなかで、保育者が、子どものすばらしさや子育ての喜び、子どもにかかわることによる人生の豊かさを伝えていく必要があるのではないだろうか。子どもや子育てに価値をおく文化が、子育てしやすい社会につながるのだと考える。

子ども家庭支援におけるソーシャルワーク

① 今、保育現場に求められるソーシャルワークの背景

▼保護者の子育てに対する不安・悩みの多様化・複雑化

　これまでの章でみてきたとおり、子どもをもつ家庭を取り巻く環境は変化し、保護者のみで子育てを行っていくことの弊害は枚挙にいとまがない現状である。また、子どもたちの成長・発達過程においても、「他の子より成長・発達が遅い」「誰かに聞いてほしい」など子育ての不安や悩みは、子育てに少なからず影響を与える要素である。

　すべての保護者にとって、わが子の健やかな成長・発達は何にも変えがたい親としての生き甲斐・張り合いにつながることである。その生き甲斐・張り合いが、子どもの健やかな成長・発達を助長するものであるなら、今日の保育士は保護者に寄り添って子育ての相談に応じ、助言や情報提供を行わなければならない立場である。

　しかし、今日の子どもをもつ保護者が抱えている子育ての不安や悩みは、

一人ひとり異なり、多様化・複雑化してきている。そのため、保育現場において、保育の専門知識や技術、或いは保育経験では解決できない深刻な問題が含まれていることが多くなっている。

▼保育現場における子どもの多様性と専門知識・技術の限界

現在、全国の保育現場には、さまざまな子どもたちが時を過ごし、保護者に代わって健やかな成長・発達を促されている。その子どもたちは、共働き家庭の子どもやひとり親家庭の子どもの他に、いわゆる「気になる子ども」とされる養育上の問題をもつ子どもや障がいがある子どもも含まれる。そのような多様な子ども一人ひとりの保育を行っているのが、現在の保育現場である。

近年、「インクルージョン」*5という理念が保育現場にも取り入れられるようになり、保育現場は、子どもの多様性と向き合い、寄り添った保育を行っていかなければならず、その保護者の相談にも対応しなければならない。

しかし、これまでの保育知識・技術だけでは、この状況に対処することは難しくなってきているのが現状であり、これらを打開するひとつの方法論がソーシャルワークであるといえる。

② 保育現場に求められるソーシャルワーク

▼ソーシャルワークとは何か

ソーシャルワークとは、「社会福祉援助技術」「相談援助」「相談支援」と訳されるものであり、生活上や環境上の社会的な問題を抱えている人に対して、その問題をその人を取り巻く社会資源を活用して解決に導く社会福祉の実践技術のことである。このソーシャルワークを行う人をソーシャルワーカーと呼び、社会福祉の現場では社会福祉士が担当することが多く、主に高齢者福祉分野や障がい者福祉分野などで実践されてきた。

今後は保育分野でもその必要性が求められ、ソーシャルワーカーとしての役割を保育現場の保育士にも求められており、子どもの保育に加え、保護者への相談援助（相談支援）も行っていく立場である。

▼保育士に求められるソーシャルワークの必要性

近年になって、保育現場の保育士にソーシャルワーカーとして役割が求められる理由として、これまでの章でみてきたように、子どもとその保護者を取り巻く家庭環境や地域社会は多様化し、保育現場での援助や支援では解決できない問題が出現、複雑化しているからである。

たとえば、保護者の離婚、ドメスティック・バイオレンス（DV）、経済的

*5　インクルージョン
1980年以降にアメリカの障がい児教育の分野で導入されたもので、ノーマライゼーションの理念から派生したものである。「包み込む」という意味で、障がいの有無や能力に関係なく、すべての子どもの個性や違いを認めて包み込み、個々のニーズに対応した支援が望ましいという考え方である。インクルーシブ保育とも呼ばれている。

困窮、虐待などによる子どもの育ちへの影響は、保育士だけで解決できる問題ではない。これらの問題に対処するためには、法的知識や他の専門機関とのかかわりが必要となってくる。

したがって、これからの保育現場は、「子どもの最善の利益」を最大限考慮した保育を行っていくためにも、子ども家庭福祉の関係機関や専門職員と連携を密にして、子ども家庭に潜む問題を早期に発見し、早期に対応・解決するための役割が重要となる。その役割を遂行するためにも、保育士がソーシャルワーカーとしての知識・技術を身につけて、関係機関との連携を行えるようになっていかなければならない時代である。

また、障がいがある子どもへの保育に対しても、多くの保育現場ではその保育経験や実績の蓄積がなく苦慮しているのが現状である。障がいがある子どものなかには、言語発達が遅れている子どもや言語障がいがある子どももいる。よって、障がい児保育や障がい児・者福祉に関する知識・技術も必要となり、障がいがある子どもの声に傾聴・受容・共感することできるような相談援助（相談支援）技術を身につけなければならない。

今後、保育所保育指針の第4章「子育て支援」の役割を遂行するためには、ソーシャルワークの知識・技術が必要であり、何よりも有効であるということである。また、詳細は省くが、小学校との切れ目にない接続を行うためにも、ソーシャルワークは有効であるといえる。

保育士をめざす皆さんは、子どもにも保護者にも寄り添える保育士にとって、今その必要性・重要性をきちんと受け止め、さらにソーシャルワークの学んでもらいたい。

 # 「小学校との接続」と子ども家庭支援

① 幼児教育と子どもの育ち

▼ 「子ども子育て支援制度」下の幼児教育の方向性

「子ども子育て支援新制度」において、幼児教育の共通部分[*6]については幼稚園、保育所、認定こども園のいずれの施設に通っても同様に受けられる仕組みとなった。現在、この共通部分を基本的教育の根幹としながら、各園の特色を取り入れた保育・教育が展開されている。

その幼児期に育てるべき力（資質・能力の3つの柱）の具体的な中身が、①「知識及び技能の基礎」、②「思考力、判断力、表現力等の基礎」、③「学

＊6
共通部分とは、具体的には「3歳以上の子どもの1日4時間（9時～13時までの1日4時間（教育標準時間）の部分）」のことをいい、「幼稚園教育要領」「保育所保育指針」「幼保連携型認定こども園教育・保育要領」の3法令同時改訂（定）の根幹をなすものである[1]。

びに向かう力、人間性等」である。

　これら３つの柱は、幼児期に完全に育ったり独立分離してあるものではな
く、お互いが重なり合うものであり、幼児教育の核心[2]となるものと位置
づけられている。そして、「３つ資質・能力」を柱として、５領域の内容を
通して実現していく様子を示したものが「幼児期の終わりまでに育ってほし
い10の姿」である（図終－２）。

図終－２　幼児教育における育成すべき資質・能力等

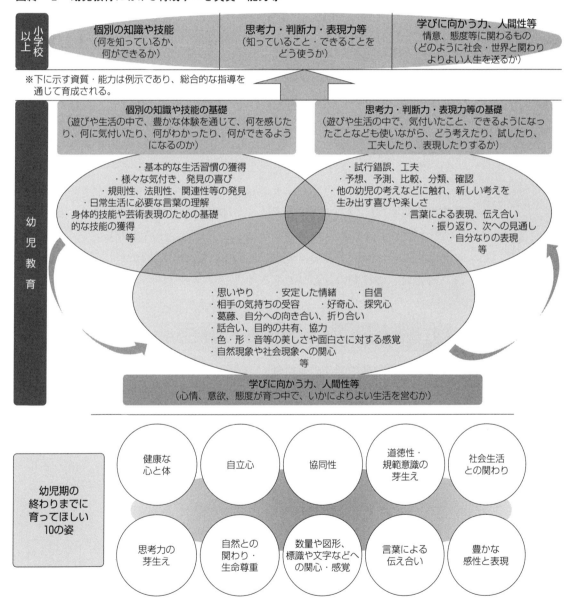

出典：文部科学省「資質・能力の三つの柱に沿った、幼児教育において育成すべき資質・能力のイメージ（たたき台）」2016年、同「（第
　　　10回）配付資料次期学習指導要領等に向けたこれまでの審議のまとめのポイント」2016年　p.8をもとに作成

▼子どもの主体性・自発的な活動を支えるためのかかわり

　「３つ資質・能力」及び「10の姿」は、子どもの"どのような力・姿が育っ ているのか""どのような姿をめざせば良いのか"といった保育を展開する上 での目安になるものであるが、各要素は保育所や小学校等の施設・学校だけ で高めていけるものではない。

　「10の姿」のひとつである「協同性」*7を例にとっても、第１章で学ん だように、きょうだいや子どもの数自体が減少している昨今においては、施 設や学校外において自分たちでルールや役割を決める等して"子どもたちだ けで話し合い遊びを進める機会"は、確実に減少してきている。

　そのような現代の子育て環境においては、子どもが主体的、自発的に何か に取り組む際の大人のかかわる姿勢が問われている。子どもが自分で気づき、 考え、試行錯誤し、表現しながら考え、判断する力を育んでいくためには、 試してみたいと思う環境と多くの時間、そしてタイミングよく提案をする大 人のかかわりが必要となる[3]。しかし、遊びのなかでおとなが結論や結果を 急いだり、先走って子どもに答えを教え込んではいないだろうか。

　日常の子育てにおいても、子どもの気づきや発見に共感したり、想いを共 有する重要性について、保護者によく理解してもらえるか否かは、日々の保 育士のかかわりが担っている部分は少なくない。子育ての基礎づくりを支え、 小学校進学以降の子育てにつなげていく。乳幼児期にかかわる保育士に課せ られた大きな役割のひとつであろう。

② 保育士等と小学校教諭間の連携と認識

▼子どもの成長や学びの連続性

　子どもの成長や学びを考えるときには、まずもって保育士と小学校教諭と の連携が欠かせない。ここでいう「連携」の最も大きな意義は、子どもの成 長や学びの連続性を踏まえて確実な接続（バトンタッチ）をしていくことに ある。その際には、保護者（家庭）や地域を巻き込みながら、日々の生活を 通した子育ての重要性についても改めて理解できる機会を設けていくことや、 学校生活での成果だけに限らない家庭等も含めた「チームとしての幼児教育」 に取り組む視点が大切である。

　保護者や小学校教諭等との子ども理解の視点として、前出の「３つ資質・ 能力」及び「10の姿」の具体化が模索されているほかにも、就学に際して保 育所と小学校が子どもに関する情報を共有したり、子どもの育ちを支えるた めの資料として保育所児童保育要録等が活用されている。しかし、小学校教

諭と保育者間の現場レベルでは、双方への理解が進んでいるとは言い難い結果も公表されており、看過できない状況にあることは注視すべき点である。

▼幼稚園・保育所と小学校との「連携」（接続）

　幼稚園・保育所（以下、幼保）と小学校との「連携」（接続）の実態調査を行った野崎司春の研究[4]を参考にすると、「幼保が意図して取り組んだ事柄」と、「小学1年担任が期待している事柄」との間には相関関係はみられず、幼保と小学校の連携が進んでいない状況を見て取れる（図終－3）。そして、同研究結果では、前者においては、小学校への円滑な接続を意識して5歳児の子どもたち幅広い内容を満遍なく取り組みを行っている姿がある一方で、後者においては、身につくまでに長い期間の継続した取り組みが必要となる事柄（体幹を鍛える、手先の器用さ、箸・食器の使い方、体力全般など）や、小学校での学びを進めるうえでの基礎となる習慣やスキル（話しを最後まで聞ける、鉛筆のもち方、一定時間の集中力など）が期待されている姿を見てとれる。

　このような結果の背景要因としては、前者においては、小学校に上がった後の子どもの姿や状況等の"情報の不足"が少なからず影響を与えている感は否めず、後者においては、習慣やスキルの学びを重視した要因として"適時性の問題等"が考えられる。実際の実務者レベルでは、教職員間や施設・学校間の交流として、授業参観やお互いの場を活用した研修、小学校への接続に関する意見交換会、子ども間の交流等の機会を設

図終－3　「幼稚園及び保育園の取り組み」と「小学校担任の認識」との比較（%）

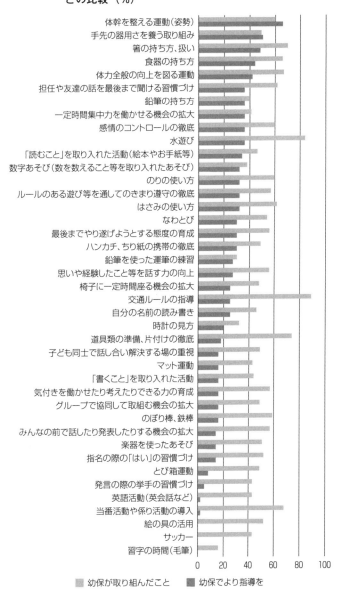

出典：野崎司春「幼児期の教育から小学校教育への接続に関する考察―双方の教職員の認識に焦点をあてて」『帯広大谷短期大学地域連携推進センター紀要（第4号）』2017年　p.38

けて、「小１プロブレム」が起こりづらい環境づくりが行われているが、一過性のものとなっている可能性もある。

今後の方向性（課題）としては、継続的に取り組める内容（プログラム）として、双方の教職員が認識を共有しながら組織的に取り組み、お互いへの理解をより促進できる仕組みにしていく必要があると思われる。そのなかにおいては、幼児教育の時期が小学校教育の先取り（予習）ではなく、"幼児教育の特長を生かした学びの構造や姿"のあり方を、各々の保育士が再考していく機会としていくことが望まれることはいうまでもない。

③　「子育て支援の事業の変化」と「子育てを実践する力の醸成」

保育所における子育て支援にかかわるニーズについては、かねてから保育時間の延長や休日・病後児保育の実施を求める声[8]が多くあることが報告されており、子育て家庭に多く存在するこれらのニーズは、地域子ども・子育て支援事業の制度化にも大きな影響を与えた。

しかし、同事業の多くが乳幼児期を対象としたものであり、学童期以降への対応を想定している事業は数少ない。現在、保育所等を卒園した後の子どもの居場所づくりの中核を担うのは、放課後児童クラブ（いわゆる学童保育）[9]である。放課後児童クラブは「家庭の代替機能としての生活の場」[6]として機能し、共働き家庭の増加や放課後に子どもが安心して過ごせる生活の場の確保等の観点からその設置が進められているが、待機児童[10]も多く、"子どもの居場所づくり"の整備は十分とは言い難い。

併せて課題となるのは、乳幼児期から学童期に移った後の、相談支援体制の手薄さ[11]である。前出の放課後児童クラブは、学童期の制度のなかでも多くの家庭が利用する先であり、「保護者が安心して子どもを育て、子育てと仕事等を両立できるように支援する」との理念のもとに相談支援の一翼を担っている。しかし、事業の性格からしても、同事業に相談支援領域への過度な期待をかけることは酷な話であると同時に、相談先の手薄さから課題・問題の解決を先送りにしてしまう保護者（家庭）が出てくる可能性が危惧される。

このように、学童期以降の相談体制の充実は大きな課題であるが、一方で親の成長（問題解決力の向上）によって自助的に乗り越えていける部分・内容もあるのではないだろうか。主張したいのは、子育ての序盤である"乳幼児期に携わる保育士のかかわり方次第で、親の成長度合いは変化する可能性がある"というエンパワメントの視点の重要さである。支援者（乳幼児期で

[8]
2004（平成16）年に実施された東京都社会福祉協議会の調査結果[5]をみても、「延長保育の拡大」「病後児保育の拡大」（一部抜粋）等、保育園への要望は多様である。

[9]
放課後児童クラブは、一般的には「学童保育」の名称で呼ばれている施設である。児童福祉法上、その事業は「放課後児童健全育成事業」と位置づけられており、仕事と子育ての両立を支援する施策として、学校の余裕教室や児童館等において実施されている。

[10]
「放課後児童健全育成事業（放課後児童クラブ）の実施状況」（2018（平成30）年５月１日現在）によると、待機児童数は１万7,279人であり、小学４年生が5,312人で最も多い。なお、登録児童数は123万4,366人で過去最高を記録している。

[11]
自治体の子ども・子育て支援事業計画において、「妊娠前から幼児期に至るまで、保護者が子どもの成長・発達に応じた相談ができるよう、各種専門員の配置等を行い、相談体制の充実強化に努めました。しかし、学童期以降の相談が手薄な状況にあり、相談窓口の周知も不十分なことが課題となっています」[7]との記載が見られるように、学童期以降の相談支援の体制づくりへの対応は、各自治体で始まったばかりである。

あれば保育士等）がニーズ充足を「代替的」に行うのではなく、第2章でふれたように保護者をエンパワメントして、問題解決力を高めていけることをめざして「子育てを自ら実践する力」を育てていくこと。その意味では、「保育士として当事者にどのようにかかわっていくのか」という点が、職業倫理的にも、小学校以降の接続を考えた際にも大きな責務（課題）となる。

　保育士が携わる子育て支援や家庭支援は、その後の家族・家庭、そして地域全体の姿を大きく変えていくといっても過言ではない。

🖋 まとめてみよう

> ①　子ども子育て家庭支援において、切れ目のない支援が重要である理由を話し合ってみよう。
> ②　保育士がソーシャルワーカーとしての役割を求められている理由と根拠をまとめてみましょう。
> ③　エンパワメントによって保護者が成長することで、子どもの「経験・体験」や「養育環境」で変わるものには何があるだろうか。親子のやりとりを含む日々の日常生活場面を想定しながら、考えてみよう。

【引用文献】
1）無藤隆『平成29年告示　幼稚園教育要領　保育所保育指針　幼保連携型認定こども園教育・保育要領　3法令改訂（定）の要点とこれからの保育』チャイルド本社　2017年　p.22
2）同上書　pp.30－31
3）篠原孝子「コラム1　保護者等に『幼児期の終わりまでに育ってほしい姿』についてどのように共通理解を図るか」無藤隆編『幼児期の終わりまでに育ってほしい10の姿』東洋館出版社　2018年　pp.74－75
4）野崎司春「幼児期の教育から小学校教育への接続に関する考察─双方の教職員の認識に焦点をあてて」『帯広大谷短期大学地域連携推進センター紀要』第4号　帯広大谷短期大学　2017年　pp.33-42
5）東社協保育部会調査研究委員会『保育園を利用している親の子育て支援に関する調査報告書』東京都社会福祉協議会　2005年　p.48
6）第4回社会保障審議会児童部会放課後児童対策に関する専門委員会「参考資料2　放課後児童クラブ関係資料」2018年　p.8
7）井原市「いばらっ子　ぽっけぇ　すくすくプラン─井原市子ども・子育て支援事業計画　平成27年〜31年度─」2015年　p.23

【参考文献】

鯨岡峻『〈育てられる者〉から〈育てらる者〉へ―関係発達の視点から―』NHK出版
　2002年

ジェームズ・J・ヘックマン『幼児教育の経済学』東洋経済新報社　2015年

OECDウェブサイト「Starting Strong」
　http://www.oecd.org/education/school/startingstrong.htm

ベネッセ教育総合研究所次世代育成研究室『未妊レポート2013―子どもをもつことにつ
　いての調査―』ベネッセ教育総合研究所　2014年

小原敏郎・橋本好市・三浦主博編『演習・保育と保護者への支援』みらい　2018年

上田衛編『保育と家庭支援［第2版］』みらい　2018年

松本峰雄・小野澤昇 編『はじめて学ぶ社会福祉』建帛社　2014年

無藤隆『幼児期の終わりまでに育ってほしい10の姿』東洋館出版社　2018年

幼児期の教育と小学校教育の円滑な接続の在り方に関する調査研究協力者会議「幼児期
　の教育と小学校教育の円滑な接続の在り方について（報告）」2010年

索　引

学ぶ・わかる・みえる
シリーズ　保育と現代社会

保育と子ども家庭支援論

2020 年 3 月 20 日　初版第 1 刷発行
2022 年 9 月 20 日　初版第 4 刷発行

編　　集	石動　瑞代
	中西　遍彦
	隣谷　正範
発 行 者	竹鼻　均之
発 行 所	株式会社みらい

〒500-8137　岐阜市東興町40　第5澤田ビル
TEL　058-247-1227(代)
FAX　058-247-1218
https://www.mirai-inc.jp/

印刷・製本	サンメッセ株式会社

ISBN978-4-86015-488-2 C3036
Printed in Japan　　　　　　　　乱丁本・落丁本はお取り替え致します。